U0532830

崇文国学普及文库

读古人书 友天下士
昌明国学 弘扬文化

三字经·百家姓
千字文·弟子规

黄秉泽　黄昉　注译

长江出版传媒　崇文书局

图书在版编目（CIP）数据

三字经　百家姓　千字文　弟子规 / 黄秉泽，黄昉注译.
-- 武汉：崇文书局，2020.6
（崇文国学普及文库）
ISBN 978-7-5403-5866-2

Ⅰ．①三…
Ⅱ．①黄…　②黄…
Ⅲ．①古汉语—启蒙读物
Ⅳ．① H194.1

中国版本图书馆 CIP 数据核字 (2020) 第 064032 号

三字经　百家姓　千字文　弟子规

责任编辑	郑小华
装帧设计	刘嘉鹏　杨艳
出版发行	长江出版传媒　崇文书局
业务电话	027-87293001
印　　刷	荆州市翔羚印刷有限公司
版　　次	2020年6月第1版
印　　次	2020年6月第1次印刷
开　　本	880×1230　1/32
印　　张	5.25
定　　价	30.80元

本书如有印装质量问题，可向承印厂调换

本作品之出版权（含电子版权）、发行权、改编权、翻译权等著作权以及本作品装帧设计的著作权均受我国著作权法及有关国际版权公约保护。任何非经我社许可的仿制、改编、转载、印刷、销售、传播之行为，我社将追究其法律责任。

版权所有，侵权必究。

总序

现代意义的"国学"概念，是在19世纪西学东渐的背景下，为了保存和弘扬中国优秀传统文化而提出来的。1935年，王缁尘在世界书局出版了《国学讲话》一书，第3页有这样一段说明："庚子义和团一役以后，西洋势力益膨胀于中国，士人之研究西学者日益众，翻译西书者亦日益多，而哲学、伦理、政治诸说，皆异于旧有之学术。于是概称此种书籍曰'新学'，而称固有之学术曰'旧学'矣。另一方面，不屑以旧学之名称我固有之学术，于是有发行杂志，名之曰《国粹学报》，以与西来之学术相抗。'国粹'之名随之而起。继则有识之士，以为中国固有之学术，未必尽为精粹也，于是将'保存国粹'之称，改为'整理国故'，研究此项学术者称为'国故学'……"从"旧学"到"国故学"，再到"国学"，名称的改变意味着褒贬的不同，反映出身处内忧外患之中的近代诸多有识之士对中国优秀传统文化失落的忧思和希望民族振兴的宏大志愿。

从学术的角度看，国学的文献载体是经、史、子、集。崇文书局的这一套国学经典普及文库，就是从传统的经、史、子、集中精选出来的。属于经部的，如《诗经》《论语》《孟子》《周易》《大学》《中庸》《左传》；属于史部的，如《战国策》《史记》《三国志》《贞观政要》《资治通鉴》；属于子部的，如《道德经》《庄子》《孙子兵法》《鬼谷子》《世说新语》《颜氏家训》《容斋随笔》《本草纲目》《阅微草堂笔记》；属于集部的，如《楚辞》《唐诗三百首》《豪放词》《婉约词》《宋词三百首》《千家诗》《元曲三百首》《随园诗话》。这套书内容丰富，而分量适中。一个希望对中国优秀传统文化有所了解的人，读了这些书，一般说来，犯常识性错误的可能性就很小了。

崇文书局之所以出版这套国学经典普及文库，不只是为了普及国学常识，更重要的目的是，希望有助于国民素质的提高。在国学教育中，有一种倾向需要警惕，即把中国优秀的传统文化"博物馆化"。"博物馆化"是20世纪中叶美国学者列文森在《儒教中国及其现代命运》中提出的一个术语。列文森认为，中国传统文化在很多方面已经被博物馆化了。虽然中国传统的经典依然有人阅读，但这已不属于他们了。"不属于他们"的意思是说，这些东西没有生命力，在社会上没有起到提升我们生活品格的作用。很多人阅读古代经典，就像参观埃及文物一样。考古发掘出来的珍贵文物，和我们的生命没有多大的关系，和我们的生活没有多大关系，这就叫作博物馆化。"博物馆化"的国学经典是没有现实生命力的。要让国学经典恢复生命力，有效的方法是使之成为生活的一部分。崇文书局之所以强调普及，深意在此，期待读者在阅读这些经典时，努力用经典来指导自己的内外生活，努力做一个有高尚的人格境界的人。

国学经典的普及，既是当下国民教育的需要，也是中华民族健康发展的需要。章太炎曾指出，了解本民族文化的过程就是一个接受爱国主义教育的过程："仆以为民族主义如稼穑然，要以史籍所载人物制度、地理风俗之类为之灌溉，则蔚然以兴矣。不然，徒知主义之可贵，而不知民族之可爱，吾恐其渐就萎黄也。"（《答铁铮》）优秀的传统文化中，那些与维护民族的生存、发展和社会进步密切相关的思想、感情，构成了一个民族的核心价值观。我们经常表彰"中国的脊梁"，一个毋庸置疑的事实是，近代以前，"中国的脊梁"都是在传统的国学经典的熏陶下成长起来的。所以，读崇文书局的这一套国学经典普及读本,虽然不必正襟危坐,也不必总是花大块的时间,更不必像备考那样一字一句锱铢必较,但保持一种敬重的心态是完全必要的。

期待读者诸君喜欢这套书,期待读者诸君与这套书成为形影相随的朋友。

陈文新
(教育部长江学者特聘教授,武汉大学杰出教授)

目录

三字经 …………………………………………… 1
  附：重订三字经 ………………………………… 30
百家姓 …………………………………………… 35
  附：百家姓考略 ………………………………… 42
千字文 …………………………………………… 79
弟子规 …………………………………………… 99
  附：老学究语 …………………………………… 131

三字经

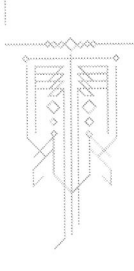

《三字经》是我国久为流传的启蒙读物之一，千百年来成为蒙童开始识字和接受初步科学文化知识的教科书。

《三字经》的作者，清人王相在《三字经训诂序》中说："宋儒王伯厚先生作《三字经》以课家塾。"王伯厚，宋代学者王应麟（1223—1296）的表字。明末清初人屈大均著《广东新语》说："蒙童所诵《三字经》，乃宋末区适子所撰。适子，顺德登洲人，字正叔。入元抗节不仕。"清代学者邵晋涵在《南江诗文钞》中《司马》诗"读得黎贞三字训"句自注："《三字经》，南海黎贞所撰。"黎贞，元末明初人。三种说法，均无旁证。但较早版本的《三字经》在历述朝代更替时，只说到宋，未及辽金元以下，据此可以初步认定《三字经》的作者应是宋朝人王应麟。区适子、黎贞年代较晚，当为《三字经》流传过程中的修订者。此类读物意在传诵，并无确定的著作归属，不断有人修订、增补、续写。

《三字经》从儒家学派中"性善"说出发，强调后天教育、社会环境对儿童成长的影响，指引蒙童克服不良习惯，不断提高思想、文化、道德、智能修养。主要内容是指引蒙童学习文化、科学知识和学习社会典型人物，一方面指导他们由浅入深地学习儒家经籍，另一方面勉励他们向各类典型人物学习。在知识的传授方面，主要概述儒家伦理、纲常；系统地讲述中国五千年王朝的兴替；略述天文、地理、人情、治学及生产生活知识。内容相当广博，清人贺兴思说它是一部"袖里《通鉴纲目》"。

《三字经》提纲挈领，言简意赅，条理明晰，层次分明，用朗朗上口的韵语，通篇三字句，节促音铿，易诵易记，数百年来畅行不衰。由于时代较远，又毕竟是一部封建社会的教科书，其中存在封建伦理、纲常和人生观的说教及显亲扬名的思想，因此我们在继承时要取其精华，弃其糟粕。

《三字经》版本很多，以清王相《三字经训诂》本较好，本书即以此本为底本。此外几种修订、增广本也有一定代表性，如岳门郎轩氏《三字经注解备要》，清初黄周星新编《三字经》，道光间连恒《增补注释三字经》，光绪间蕉轩氏著，王晋之、张谐之重订的《广三字经》。近代国学大师章太炎的《重订三字经》，文字增加近三分之一，内容更丰富、知识更准确，本书作为附录收入。

人之初,性本善①。性相近,习相远②。苟不教,性乃迁③。教之道,贵以专④。昔孟母,择邻处⑤,子不学,断机杼⑥。窦燕山,有义方,教五子,名俱扬⑦。

【注释】

① 初:始。指人刚生下来。性:性情,指人的本性。战国时曾有过"性善"与"性恶"的论争。孟子主张"性善",荀子主张"性恶"。其实,人刚生下来,无所谓善、恶。善与恶是社会生活的产物。

② 相近:相互接近,相差不大。习:教养。相远:相差很远。

③ 苟:如果,假如。教:教育,教导。迁:变迁,变化。

④ 道:方法,规律。贵:珍重之处,崇尚。以:在于。专:专心致志。

⑤ 昔:从前。孟母:战国时著名儒学家孟轲的母亲仉氏。孟母很重视子女教育,特别重视环境对孩子成长的影响。汉刘向《列女传》中记载了"孟母三迁"的故事:孟子年幼丧父,住的地方离墓地较近。孟子常常在坟墓间玩模仿埋葬哭丧的游戏,孟母便搬家到市场附近,不料孟子很快又开始做模仿屠宰和买卖交易的游戏,孟母便再次搬家,住在学校附近。孟子的游戏变成了模仿揖让接待的礼节,孟母终于满意地定居下来。

⑥ 断机杼(zhù):传说孟子出门求学,倦而回家,孟母举刀割断正在织布机上织着的布和线。孟子跪在母亲面前询问原因,孟母形象地说明了持之以恒的道理。孟子深受教育,从此刻苦学习,再也不懈怠。

⑦ 窦(dòu)燕山:窦禹钧,号燕山,五代时人,祖居幽州(今天津蓟县一带),官至太常少卿、右谏议大夫。建义塾,请名师授课,让穷人的孩子得到读书受教育的机会。教子有方,所生五子,均得高官,民间有"五子登科"的佳话。义方:合礼合法的

方法。义：正当，合理。

【译文】

人刚出生时，本性都是善良的。性情也相差不大，只是由于后来随着环境和受教育的差异，性情便有了千差万别。如果不对孩子进行教育，他善良的本性就会发生变化。教育人的方法，贵在教导他去专心致志。从前，孟子的母亲为了让孩子有一个良好的成长环境，曾经三次搬家。有一次，孟子不好好学习，擅自逃学回家，孟母很生气，割断正在织布的纱线，以此来教育孟子要努力学习，不要半途而废。窦燕山教子有方，他所培养的五个儿子，都相继科举成名，名扬天下。

养不教，父之过①。教不严，师之惰②。子不学，非所宜③。幼不学，老何为④？玉不琢，不成器⑤。人不学，不知义⑥。

【注释】

① 养：养育。教：教诲，此处指父教。父亲肩负着言传身教和请老师教育孩子的责任。过：过错。
② 教：教育，此指师教。惰（duò）：懒惰，放任。
③ 子：指正在求学的孩子。非所宜：是不恰当的。宜：应当，恰当。
④ 为：作为。
⑤ 琢：雕刻加工玉石。器：用具，古代标志名位的器具，引申为才能、能力、人才。
⑥ 义：指儒家的礼义道理。

【译文】

生儿育女却不给他们良好的教育，这是做父亲的过错。教育学生而不严格，这是做老师的懒惰。孩子不好好学习，这是不应该的。年轻时不读书学习，到年老时哪会有什么作为呢？美玉不经过琢磨，就成不了精美的玉器。一个人如果不努力学习，就不会懂得道德、礼义。

为人子，方少时①，亲师友，习礼仪②。香九龄，能温席③，孝于亲，所当执④。融四岁，能让梨⑤，弟于长，宜先知⑥。首孝弟，次见闻⑦。知某数，识某文⑧。一而十，十而百。百而千，千而万⑨。

【注释】

① 为人子：作为人的儿子和弟子。方：正当，正在。少时：少年时期，年轻时。

② 亲：亲近。师友：良师益友。习礼仪：学习礼节仪式，容止仪表。礼仪：指儒家作为立身之本的行为规范、修养。

③ 香：东汉江夏安陆（今属湖北）人黄香。九岁丧母，事父至孝。夏天为父扇凉枕头和凉席，冬天亲身为父暖被褥。

④ 孝于亲：孝顺父母的行为。所当执：是应当效法的。执：遵照、实行。

⑤ 融（róng）：东汉山东曲阜人孔融，是孔子第三十二代嗣孙。他四岁之时，就晓得逊让之礼。一天，邻居送来一筐梨，诸兄将大的拿去，孔融从容取一小梨，别人问他为什么，他回答道："各位兄长年龄比我大，正适合吃大的。我年纪还很小，怎么能冒犯兄长而取僭越之罪呢。"孔融成人后，其文章和品德都为当时贤人志士所敬服。

⑥ 弟于长：弟弟对于兄长。宜先知：应当首先懂得这种谦让的道理。

⑦ 首：首要，首先。孝弟（tì）："弟"同"悌"，孝敬长辈，亲爱弟兄。次：其次。见闻：知识学问。

⑧ 知某数：知道多少数目，学习识数。识某文：认识是什么字，学习儒家《诗》、《书》、六艺。《论语·学而》中孔子说，"行有余力则以学文"。

⑨ 一而十：从一到十。一是数的开始，十是整数的单元。十十为百，

十百为千,十千为万,以至无穷。

【译文】

　　为人子弟,年轻时应当多多亲近良师贤友,学习礼节仪文之事。黄香九岁的时候,就能为父亲暖被褥,孝敬父亲,这种行为是应当效仿的。孔融四岁的时候,就能把大梨让给兄长,做弟弟的相对兄长而言,首先懂得了这种谦让的道理。人生第一要义是孝敬父母、尊敬兄长,其次是多见识天下之事,通晓古今之理,了解数理,懂得文理。数字从一开始,十个一为十,十个十为百,十个百为千,十个千为万。

　　三才者,天地人①。三光者,日月星②。三纲者,君臣义,父子亲,夫妇顺③。曰春夏,曰秋冬,此四时,运不穷④。曰南北,曰西东,此四方,应乎中⑤。曰水火,木金土,此五行⑥,本乎数⑦。曰仁义,礼智信,此五常⑧,不容紊⑨。

【注释】

① 三才:古时将天、地、人看作是宇宙间最主要的事物,称为三才。

② 三光:古时以为宇宙间发光的东西只有日、月、星,称为三光。

③ 三纲:纲,指纲领、法则。我国封建社会认为:君正于朝,君为臣之纲;父正于家,父为子之纲;夫正于室,夫为妻之纲,合称三纲。君臣有忠爱之义,父子有天性之亲,夫妇有和顺之情,前者对后者有绝对统治权,借以达到和谐安定、维护封建统治的目的。

④ 四时:四季。运不穷:永不停息地运转。

⑤ 应乎中:空间相对方位分为东、西、南、北四方,以中央为基准互相对应。

⑥ 五行(xíng):古人以为天地之间,阴阳二气化生金、木、水、火、土五种元素,这五种元素称为五行。

⑦ 本乎数:来源于天命。数:天命、命运。古代五行说,经战国齐

人邹衍进一步发挥，连时世盛衰也皆以"金、木、水、火、土"五行为转移。阴阳五行学说还以为水生木，木生火，火生土，土生金，金又生水；水克火，火克金，金克木，木克土，土又克水，万事万物，无不有五行贯于其间。天下之理，皆由此出，天下之数，皆由此推。

⑧ 仁：仁爱，宽容温柔，善良恻隐。义：正义，合于道德规范。礼：行为准则，道德规范和各种礼节。智：智能、知识，聪明睿智。信：诚实正直，忠厚可靠。五常：封建社会对人的伦常道德的基本要求。汉董仲舒《举贤良对策》："夫仁、义、礼、智、信，五常之道，王者所当修饬也。"

⑨ 不容紊：不许错乱。容：容许。紊：头绪混乱。

【译文】

"三才"，指的是天、地、人。"三光"指的是太阳、月亮及星辰。古书上所说的"三纲"，意思是指君臣之间有忠爱之意，臣子服从君主；父子之间有天性之亲，子女服从父母；夫妇之间和睦相处，妻子服从丈夫。一年有四个季节：春、夏、秋、冬。这四个季节循环交替，运行不止，没有尽头。南方、北方、东方、西方是四面的方位，这四个方位是与中央点相对应而确立的。水、火、金、木、土是构成物质的五种元素，它是由天理所决定的。仁、义、礼、智、信是做人的五条准则，必须遵守，不容许紊乱。

稻粱菽，麦黍稷①，此六谷，人所食。马牛羊，鸡犬豕②，此六畜③，人所饲。曰喜怒，曰哀惧，爱恶欲④，七情具⑤。匏土革，木石金，丝与竹⑥，乃八音⑦。

【注释】

① 粱：谷子、小米。菽（shū）：豆类。黍（shǔ）：黍子，碾成的

米俗称黄米，有黏性。稷（jì）：粟，无黏性的黄米。一说稷是高粱的别名。

② 豕（shǐ）：猪。

③ 六畜（chù）：人类饲养的六种牲畜。中国畜牧业具有悠久的历史，六畜各有所用。马能负重致远，又可用于征战沙场；牛能运货耕田；羊、豕供备祭祀；鸡可报晓司晨，且可供食用；犬可守夜防患。人饲养六畜，以为生活之需。

④ 惧（jù）：惊怕。恶（wù）：厌恶，反感。

⑤ 七情：指喜、怒、哀、惧、爱、恶、欲七种情感。具：具有，生来就有的。

⑥ 匏（páo）：匏瓠，果实很大，像葫芦，用作笙竽之类乐器。土：以土烧成的乐器，多为椭圆形，有孔，称为埙（xūn）。石：玉石之器，磬类乐器。金：铸器，铃锣类乐器。竹：竹制的管乐器。

⑦ 八音：中国传统乐器分类法。西周出现的按八种制作乐器的材质归并众多乐器的分类方法，称之为八音。金—钟、铙，石—磬，土—埙、缶，革—鼓、鼗，丝—琴、瑟，木—柷、敔，匏—笙、竽，竹—箫、篪。

【译文】

　　稻、粱、菽、麦、黍、稷是六种谷物，是人类的主要食物。马、牛、羊、鸡、狗、猪是人类所饲养的六种牲畜。据说高兴、生气、哀伤、害怕、倾慕、厌恶、嗜好是人生来具备的七种感情。用匏、土、皮革、木、玉石、金属、丝、竹等八种材料制成的八种乐器，称为八音。

　　高曾祖①，父而身②。身而子，子而孙。自子孙，至玄曾③。乃九族④，人之伦⑤。父子恩，夫妇从。兄则友，弟则恭。长幼序，友与朋。君则敬，臣则忠。此十义⑥，人所同⑦。

【注释】

① 高：高祖，祖父的祖父，族中最上的祖宗。曾（zēng）：指曾祖，高祖之子，父之祖父。祖：祖父，又称大父、王父，父之父。
② 父：父亲，尊称家君、严君。身：自身，自己本人这一代。
③ 玄：玄孙，孙子的孙子。曾：此指曾孙，儿子的孙子。
④ 九族：九世。古代家法以五世为亲近。高祖至自身为上五代，自身至玄孙为下五代。五代称为五服，比九族更亲近。
⑤ 人之伦：阶级社会中人的等级关系。九族之众，有亲疏远近之分，尊卑长幼之别。古代认为，要使秩序井然，必须重视人伦。父子、夫妇、兄弟、朋友、君臣这五种人际关系，称为五伦。
⑥ 十义：封建时代重名分，每个人必须遵照自己在五伦中所处的地位，恪守伦理道德，恪尽义务，不得越名悖分，做到父慈、子孝、夫唱、妇随、兄友、弟恭、朋谊、友信、君敬、臣忠，即所谓十义。
⑦ 人所同：人们共同遵守的准则。

【译文】

　　高祖、曾祖、祖父，然后是父亲再来是自己本身，往下是儿子、孙子、曾孙、玄孙，一共九代亲族称为九族，是家族中长幼尊卑基本的伦常关系。子女要报答父母的恩情，妻子要顺从自己的丈夫。哥哥要爱护弟弟，弟弟要尊敬哥哥。长辈和晚辈之间要讲究尊卑的次序，朋友之间要讲究信用和义气。君主对臣下要尊重，臣下对君主要忠诚。这十种大义对每个人来说都要遵守。

　　凡训蒙，须讲究①。详训诂，明句读②。为学者，必有初③。《小学》终④，至"四书"⑤。《论语》者，二十篇。群弟子，记善言⑥。《孟子》者，七篇止。讲道德，说仁义⑦。作《中庸》，子思笔。中不偏，庸不易⑧。作《大学》，乃曾子。自修齐，至平治⑨。

【注释】

① 凡：凡是。训蒙：指对儿童进行基本知识教育，开发其智力。训：教诲，教导。蒙：指蒙童，智慧将开未开的儿童。讲究：指讲清义理，探明实事。

② 详：细述，使完全明白。训诂（gǔ）：对古书字句用当代语言所作的解释。明：弄清楚。句：意思完整的话。读（dòu）：句中语气短暂停顿之处。

③ 为学者：读书做学问的人。必有初：一定会有由浅入深、循序渐进的过程。初：开头，起始。

④《小学》终：《小学》读完了。《小学》，宋代朱熹、刘子澄编。辑录符合封建道德的言行，分内篇、外篇，共六卷。内篇包括立教、明伦、敬身、稽古四篇，外篇包括嘉言、善行二篇，是旧时儿童必读的教科书。

⑤ "四书"：四部儒家经典，即《论语》《孟子》《中庸》《大学》。宋代，《孟子》升为经书。另把《礼记》中的《大学》《中庸》两篇抽出，独立成书，到南宋朱熹作《四书章句集注》始有"四书"之名。"四书"是封建科举的初级标准教材。

⑥《论语》：孔子弟子记录孔子与众弟子论述治学、为人、从政和仁义礼乐的书，全书共二十篇，是孔子思想的集中反映。列于《四书》之首。善言：精辟的言论。

⑦《孟子》：战国时孟轲等著。孟轲，字子舆。他继承发展了孔子学说，为孔子之后最大的儒学大师。他也曾周游列国，不为诸侯所用，退居邹地，与门徒讲经论道，宣扬仁义道德、治国立身的道理。

⑧《中庸》：相传为孔子之孙孔伋所作。孔伋，字子思。朱熹解释"中庸"的含义是："不偏之谓中，不易之谓庸。"儒家以中庸为最高道德准则。

⑨《大学》：托名曾子著。曾子，名参，鲁国人，孔门重要弟子。《大学》

阐发了孔子内圣外王之道，即修身、齐家、治国、平天下的学说。

【译文】

凡是教育小孩子，必须给他讲解义理，考究实事，详细解释字义，说明应该在哪里停顿断句。读书学习的人，一定要从头开始。先把《小学》读完，再学习《论语》《孟子》《大学》《中庸》。《论语》共分二十篇，是孔子的弟子们记录下来的孔子的言论。《孟子》这部书共有七篇，内容是讲述道德，谈论仁义。《中庸》是子思的手笔，"中庸"的意思是待人接物要公平合理、不偏不倚。《大学》是孔夫子的学生曾子所写，主要阐述一个人从修身齐家到治国平天下的大道理。

《孝经》通①，"四书"熟。如"六经"，始可读②。《诗》《书》《易》，《礼》《春秋》③，号"六经"，当讲求。有《连山》，有《归藏》④，有《周易》，"三易"详⑤。有典谟，有训诰，有誓命，《书》之奥⑥。我周公，作《周礼》，著六官，存治体⑦。大小戴，注《礼记》，述圣言，礼乐备⑧。

【注释】

① 《孝经》：《孝经》是一部专讲孝道的书，儒家经典之一。托名孔子作。通：精通。
② 如：连词，表示转折关系，意思是却、进而。"六经"：指经过孔子删定的《诗》《书》《礼》《乐》《易》《春秋》。汉代时《乐》已亡佚，只剩五经。
③ 《诗》：即《诗经》。编成于春秋时代，是中国最早的诗歌总集。共三百零五篇，分风、雅、颂三大类。《诗经》对中国两千多年来的文学发展有深广影响，也是珍贵的古代史料。《书》：即《书经》《尚书》。尚，即上，上书即上代以来的书。《尚书》是中国上古历史文献和追述古代事迹著作的汇编，书中保存

了商周时代，特别是西周初期的一些重要史料。相传由孔子编选而成。《易》：即《易经》《周易》。《易经》可能萌芽于殷周之际，而全部经文为长期积累的产物。共六十四卦，三百八十四章。是最早、最能代表中国古代思想文化的一部哲理性著作。《礼》：指《礼记》《周礼》《仪礼》三部儒家经典。《礼记》，多指《小戴礼记》，是秦汉以前各种礼仪论著的选集，相传是西汉九江太守戴圣辑录，共四十九篇。《周礼》，又称《周官》或《周官经》，记录周王室官制和战国时代各国制度，根据儒家政治思想汇编而成。相传为周公所作，近人考定为战国时代的作品。《仪礼》相传为孔子所作，记录婚丧、祭祀等基本礼仪。《春秋》：是我国第一部编年史。相传为孔子依据鲁国史官所编《春秋》加以整理修订而成。记事起于鲁隐公元年（前722年），终于鲁哀公十四年（前481年），计二百四十二年。文字简短，后有《左传》《公羊传》《穀梁传》三家为它作解释。

④《连山》《归藏》：相传是《周易》之前的两部古《易》。

⑤ "三易"：《连山》《归藏》《周易》合称"三易"。详：精通。

⑥ 典、谟：《书经》的篇名。训、诰、誓、命，都是《书经》之文的体裁。训，大臣训迪讽谏之文。诰，帝王申布命令之文。誓，帝王誓师设盟之文。命，帝王申布命令之文。奥：指含义深微。

⑦ 周公：姓姬名旦，周文王第四子，西周开国元勋，政治家，封于鲁。周武王死后，成王年幼，曾为摄政王，史称周公制礼作乐，作《周礼》。

六官：《周礼》六篇，各篇官制按天、地、春、夏、秋、冬命名，故称六官。相当于后来中央的六部。存治体：为后世保留下治理国家的政纲。

⑧ 大小戴：大戴，西汉信都王太傅戴德，采汉人礼说以成篇章，称《大戴礼》，原为八十五篇，现存三十九篇。小戴，西汉九江太守，戴德之侄戴圣，著《小戴礼》，即通行本《礼记》。《礼记》

诸篇皆纂述阐发圣贤之言，记而成篇，其内容礼乐兼备。

【译文】

读通了《孝经》，再读熟"四书"，才能读像"六经"这样比较深奥的书。《诗》《书》《礼》《乐》《易》《春秋》号称"六经"，应当认真阅读研究。《连山》《归藏》和《周易》合称"三易"，并有详细解释说明的文本。《尚书》是部义理深奥的书，它的篇目有"典""谟""训""诰""誓""命"等。周公写了《周礼》一书，记载了当时朝廷建立六官的情况，保存了治理国家的有关体制。戴德、戴圣辑录了《礼记》一书，纂述阐发圣贤之言，其内容礼乐兼备。

曰国风，曰雅颂，号"四诗"，当讽咏[1]。《诗》既亡，《春秋》作[2]。寓褒贬，别善恶[3]。三传者，有《公羊》，有《左氏》，有《穀梁》[4]。经既明，方读子[5]。撮其要，记其事[6]。五子者，有荀扬，文中子，及老庄[7]。

【注释】

[1] "四诗"：《诗经》分为国风、大雅、小雅、颂四部分，称为"四诗"。国风，是当时十五国的民歌。大雅，是诸侯朝见周天子的诗。小雅，是天子宴享宾客之诗。颂，是宗庙祭祀的乐歌。孔子认为，《诗》可以兴、观、群、怨，近可使人孝敬父母，远可教人忠于君主。人伦之道，诗无不备。而且学诗还可以多识鸟兽草木之名，曾教训他的儿子孔鲤：不学诗无以言。所以说，"当讽咏"。讽咏：背诵吟咏。

[2] 《诗》既亡，《春秋》作：《孟子·离娄下》："王者之迹熄而《诗》亡，《诗》亡，然后《春秋》作。"随着周王朝衰落，《诗经》的微言大义也被世人遗忘，于是便有了《春秋》之作。《春秋》：鲁国春秋时代的一部编年体史书，相传曾经过孔子修订。

③ 寓褒贬,别善恶:《春秋》叙事论人,讲究词义褒贬,赏罚昭著,善恶分明。传说孔子修《春秋》:"笔则笔,削则削。""以一字为褒贬",含有"微言大义",故有"孔子作《春秋》而乱臣贼子惧"之说。

④ 三传(zhuàn):对经书的注释称为传,"三传"即为公羊高、左丘明、穀梁赤三家解释《春秋》的书。三传各有特点:左氏以叙述历史事实为主,公羊、穀梁以"微言大义"解经。公羊:指公羊高,战国齐人,相传是孔子弟子子夏的弟子,曾口传对《春秋》的解释,至西汉景帝时,他的玄孙公羊寿始与齐人胡毋生书于竹帛,著成《春秋公羊传》。左氏:指左丘明,春秋时史学家,鲁人,双目失明。曾任鲁太史,约与孔子同时,相传《春秋左传》即他所著。穀梁,指穀梁赤,战国时鲁人,相传为子夏的弟子,注《春秋》。

⑤ 经:经书。方:才。子:《隋书·经籍志》确定图书分类为经、史、子、集四部,为后来所采用。此处指诸子百家的著作,其地位次于经。

⑥ 撮(cuō)其要,记其事:摘取诸子百家著作中的要点,记录其中有益于世务的历史事件,作为正学的补充。与读经要求"通""熟"有区别。撮,摘取,摄取。

⑦ 五子:指诸子百家中对后世影响较大的五家。荀:荀况(约前313—前238),战国赵人,思想家、教育家,著有《荀子》。扬:扬雄(前53—18),西汉蜀郡成都人,哲学家、辞赋家、语言学家,著有《太玄》《法言》。文中子:王通(584—617),字仲淹,隋朝绛州龙门人,私谥文中子,辑录其语录的书称《中说》,又称《文中子》。老:指东周柱下史李耳,又称老聃,楚国苦县人,春秋时代思想家,道家创始人,著有《道德经》,即《老子》。庄:庄周(约前369—前286),战国时宋国蒙人,哲学家,著有《南华经》,即《庄子》。

【译文】

《诗经》分为风、雅、颂三部分，应当认真诵读吟唱。周代采诗官停止了采诗，于是孔子编写了《春秋》一书，将对历史人物的褒贬寓含在史书的记载中，分辨忠奸善恶。为《春秋》作传的书有三种：《公羊传》《左传》和《榖梁传》。经书全部读懂后，才可以读诸子百家的书。摘取其中的要义，记住其中有益的事例。诸子百家中的五子，指荀子、扬子、文中子、老子和庄子。

经子通，读诸史①。考世系，知终始②。自羲农，至黄帝，号三皇，居上世③。唐有虞，号二帝④。相揖逊，称盛世⑤。夏有禹，商有汤，周文武，称三王⑥。

【注释】

① 诸史：历朝各代的史籍。
② 考世系，知终始：考定历朝历代帝王的传授世系，当政的始终年月，知道历史的连续性。
③ 羲（xī）：伏羲氏，风姓，号太昊。传说伏羲氏始画八卦，作书契，教人捕鱼放牧，以充庖厨。农：炎帝，神农氏，姜姓。相传是他最早教民制作农具耒、耜，以兴盛农业；他曾遍尝百草，行医制药。黄帝：有熊氏，姓公孙，号轩辕氏，后改姓姬，打败了炎帝，杀死蚩尤，诸侯尊其为天子，以取代炎帝，传说黄帝时，作甲子，造历书，制律吕，作算术。据说蚕桑、医药、舟车、宫室、文字等都始于此时。伏羲、神农、黄帝三代，被称为三皇时代。自三皇时代，我国历史进入了奴隶社会，揭开了中华民族文明史的序幕。古代时，正史以三皇为始。
④ 唐：指帝尧，帝喾（kù）之子，姓伊祁，名放勋。初封于陶，又封于唐，因此号陶唐氏。有虞：虞舜，姓姚，名重华。尧命舜摄政三年，

除四凶，举八元八恺，天下大治，历史上尧、舜并称，号二帝。

⑤ 揖（yī）逊：谦让，指禅让帝位。尧禅位于舜，舜又禅位于禹，把帝位让给最贤明的人。尧舜时代，传说是古代社会风气最醇正的美好时代。

⑥ 禹：夏后氏，姒姓，名文命，鲧（gǔn）之子。古史相传，禹继鲧治水，采用疏导的办法，历时十三年，三过家门而不入。水患完全平息。舜临死前，把位子禅让给禹，禹建立夏朝，历时四百三十余年。汤：成汤，商代开国之君。周文武：周文王、周武王，姓姬。文王名昌，商朝诸侯，曾被囚于羑里。获释后，被推为西方诸侯之长。其子发，起兵伐纣灭商，建立周王朝，称为周武王。史称夏、商、周为三代。夏禹、商汤、周武王时期是三代的治世，国泰民安，称为三王。

【译文】

通晓经书和子书后，再读各种史书。从中考究各朝代相承的系统，了解历史事件的始末。从伏羲、神农到黄帝，这三人号称三皇，是上古社会的帝王。唐尧和虞舜号称二帝，他们谦逊礼让，将帝位传给贤者，他们的时代被称为太平盛世。夏代的开国者是禹，商代的开国者是汤，周代的开国者是武王，这三人称为三王。

夏传子，家天下①。四百载，迁夏社②。汤伐夏，国号商。六百载，至纣亡③。周武王，始诛纣。八百载，最长久④。周辙东，王纲坠⑤。逞干戈，尚游说⑥。始春秋，终战国⑦。五霸强，七雄出⑧。

【注释】

① 夏传子，家天下：夏禹将帝位传于其子启，从此结束了推贤让能的王位禅让制度，开始了王位世袭制度。《汉书·盖宽饶传》："五

帝官天下，三王家天下。家以传子，官以传贤。"

② 四百载，迁夏社：夏朝末君名桀，荒淫残暴，为成汤打败，夏亡。夏朝有天下四百三十余年。社：土地神。社常与表示谷神的稷连用，表示国家。迁社，意为国家灭亡。

③ 六百载：商朝得天下六百四十余年。纣：商朝末君帝辛，凶残暴虐，谥为纣。

④ 八百载：周朝得天下共八百余年，是中国历史上延续年代最长久的王朝。

⑤ 周辙东：周幽王昏庸无道，被犬戎所灭。平王继位，被迫将王都由镐京迁雒邑（今河南洛阳）。辙：车轮辗过的痕迹，此指平王东迁的车驾。平王东迁后，纲纪不修，法度不振，周王朝开始衰落，历史进入诸侯争霸的春秋时期。

⑥ 逞干戈：指诸侯争霸，战争迭起。干：盾牌。戈：古代长柄横刃的一种兵器。干戈：借指战争。尚：崇尚，推重。游说（shuì）：春秋战国时代的策士，周游列国，向统治者陈述形势，提出各种强国称霸的主张，以求取高官厚禄。有见识的统治者也从中采纳有益的策略，以巩固统治，实现称霸野心。

⑦ 春秋：孔子据鲁国史写成的史书，名曰《春秋》，起于鲁隐公元年（前722年），终于鲁哀公十四年（前481年），史称这段时间为春秋时期，起止年代各有延伸，后世以平王东迁雒邑建东周的第一年（前770年）至周敬王四十四年（前476年）为中国历史上的春秋时期。战国：旧史以周威烈王二十三年（前403年）韩、赵、魏三家分晋起，至秦始皇二十六年（前221年）为战国时期。今以周元王元年（前475年）至秦朝建立（前221年）为战国时期。

⑧ 五霸：春秋时诸侯中势力强大、称霸一时的诸侯王。说法不一，一般指齐桓公、晋文公、秦穆公、宋襄公、楚庄王。七雄：战国时期称雄一时的秦、齐、楚、燕、赵、韩、魏七个诸侯国。

【译文】

从夏禹王开始，将君位传给儿子，使天下成为一家的天下。夏朝延续了四百余年后灭亡。汤王讨伐夏桀，灭亡了夏朝，建立新国号商。商朝立国六百余年，到商纣王时灭亡。周武王杀掉商纣王建立周朝，周朝立国八百多年，是所有王朝中最长久的一个朝代。周平王东迁后，纲纪不修、法度不振、纷争不断、崇尚游说。东周分为春秋与战国两个时期，春秋时期有五霸逞强，战国时代则有七国争雄。

嬴秦氏，始兼并①。传二世，楚汉争②。高祖兴，汉业建③。至孝平，王莽篡④。光武兴，为东汉⑤，四百年，终于献⑥。魏蜀吴，争汉鼎，号三国⑦，迄两晋⑧。宋齐继，梁陈承⑨。为南朝，都金陵⑩。北元魏，分东西⑪。宇文周，与高齐⑫。

【注释】

① 嬴秦氏：秦国君的远祖伯翳佐舜有功，赐姓嬴。伯翳的后裔非子为周孝王养马有功，始封于秦，故称秦为嬴秦。战国末（前221年），秦王嬴政吞并六国，统一全国，建立了中国历史上第一个统一的中央集权的封建国家。自称为始皇帝。

② 传二世：秦始皇在位十二年，死后，其幼子胡亥继位，为秦二世。二世元年（前209年），陈胜、吴广起义。三年（前207年），秦王朝仅传二世而亡。楚汉争：项、刘为争夺帝位，展开了激烈的火并。项羽自称为楚霸王，而封刘邦为汉王。

③ 高祖兴，汉业建：刘邦战胜了项羽，统一了天下，于公元前202年建立汉王朝，在位十二年，谥高祖。

④ 孝平：汉平帝。汉王朝标榜孝道，皇帝谥号皆冠以孝字。王莽篡：平帝幼年即位，朝政掌握在外戚安国公王莽之手。王莽假效周公摄政，暗地鸩杀平帝，公元8年，篡汉自立，改国号为新。

⑤ 光武兴：刘邦九世孙刘秀起兵兴复汉室，夺得天下，公元25年即皇帝位，定都洛阳，史称东汉或后汉。刘秀谥光武。

⑥ 四百年，终于献：东汉末年群雄并起，丞相曹操迁献帝于许昌，挟天子以令诸侯。公元220年，曹操之子曹丕，逼献帝退位，代汉自立，国号魏，东汉共传十二帝，一百九十六年。两汉共二十四帝，四百零六年。

⑦ 魏蜀吴，争汉鼎：东汉末年群雄相争的结果，形成三国鼎立的局面。曹氏占据中原，建国号魏；刘备占据四川，建国号汉；孙权占据江东，建国号吴，史称三国。鼎：古代传国之宝，是王位的象征。争汉鼎，即争夺汉朝天下。

⑧ 迄（qì）两晋：魏丞相司马昭之子司马炎，于公元265年，逼魏主曹奂禅位，自立为晋，史称西晋，都洛阳，先后灭蜀、吴，统一了中国。至公元316年，因八王之乱而亡。公元317年，司马睿复兴晋室，建都建康，史称东晋。迄：到。

⑨ 宋齐继，梁陈承：东晋将领刘裕，以战功封宋王。公元420年，代晋称帝，国号宋。宋禁军首领萧道成，趁宋室内乱，掌握军政大权，公元479年，逼宋顺帝禅位，即皇帝位，国号齐。齐雍州刺史萧衍，趁齐内乱，起兵夺取军政大权。公元502年夺得帝位，国号梁。梁元帝部将陈霸先灭侯景有功，掌握兵权，继又击败北齐，封陈王，于公元557年代梁为帝，国号陈。

⑩ 为南朝，都金陵：宋、齐、梁、陈四朝，都居江南，建都金陵（今南京），和北方对峙，史称南朝。

⑪ 北元魏，分东西：公元386年，鲜卑人拓跋珪称王，改元登国，建都盛乐(今内蒙古呼和浩特西南)，史称北魏。魏孝文帝倾向汉化，公元496年，拓跋氏改姓元，故称魏为元魏。公元534年，大丞相高欢立清河王之子善见为帝，改元天平，是为东魏，建都邺（今河南安阳北）。宇文泰拥立的魏文帝政权建都长安（今陕西西安），

为西魏。从此魏分东、西。
⑫ 宇文周：鲜卑族人宇文觉，为西魏恭帝太师大冢宰，封周公，公元557年，代西魏自立，称为天王，国号周，史称北周。高齐：东魏丞相高欢之子高洋，被封为齐王，公元550年代东魏自立，国号齐，史称北齐。

【译文】

秦王嬴政兼并六国，统一天下，建立秦王朝。秦朝传到二世时被推翻，西楚霸王项羽和刘邦双方开始争夺天下。汉高祖兴起，建立汉王朝基业。到孝平帝时，被王莽篡位。汉光武帝起兵，中兴汉室，称为东汉。汉朝延续四百余年，到汉献帝时灭亡。魏、蜀、吴三国争夺汉朝的天下，这个时代称为三国时代。司马炎灭吴、蜀而建晋朝，晋朝分为西晋和东晋两个时期。宋、齐、梁、陈四个朝代相继更迭，这四个时代称南朝，都把金陵作为都城。与南朝同时并存的统治北方的王朝称北朝，从北魏开始，北魏后分裂成东魏和西魏。后来，东魏被北齐所代，西魏为北周所代。

迨至隋，一土宇①。不再传，失统绪②。唐高祖，起义师，除隋乱，创国基③。二十传，三百载。梁灭之，国乃改④。梁唐晋，及汉周。称五代⑤，皆有由。炎宋兴⑥，受周禅⑦。十八传⑧，南北混⑨。

【注释】

① 迨：及，等到。隋：隋朝。一土宇：统一天下。北周静帝年幼即位，隋国公杨坚任丞相，总揽朝政，封隋王。公元581年，杨坚废静帝自立，国号为隋，先后灭后梁和陈，统一全国。
② 不再传：杨坚之子杨广杀父自立，恣意淫乐，奢侈无度，征伐不息，天下大乱，为宇文化及所杀。杨坚仅传杨广一代，隋朝就亡了。再：二，二次。统绪：一脉相承的事业，此指帝王的正统地位。

③ 唐高祖，起义师，除隋乱，创国基：隋末天下大乱，农民起义此起彼伏。唐国公李渊当时任太原留守，也起兵反隋，攻入长安，立炀帝孙代王杨侑为帝（恭帝），进而封唐王。大业十四年（618年）五月，废恭帝，自立为帝，国号唐，为唐高祖。

④ 二十传：从高祖李渊建国，至哀帝被朱温杀害，唐朝灭亡，共传二十主，历二百八十九年。黄巢起义军将领朱温，叛变投唐，封为梁王。天祐元年（904年），迁昭宗于洛阳，不久杀了昭宗，立其子李柷为帝（哀帝）。天祐四年（907年），废哀帝自立，国号梁，史称后梁。

⑤ 五代：李克用之子李存勖，沙陀人，初封晋王。连年攻梁，尽占河北之地。公元923年，灭梁称帝，国号唐，史称后唐。后唐北京留守石敬瑭，借契丹兵攻入洛阳，灭后唐称帝，而向契丹称臣，当上了儿皇帝，国号晋，史称后晋。晋河东节度使、北京留守、北平王刘知远，趁契丹虏晋出帝，中原无主之际，于太原称帝，国号汉，史称后汉。公元950年，后汉邺都留守郭威起兵反汉，次年灭汉即帝位，建后周。梁、唐、晋、汉、周，史称五代。

⑥ 炎宋兴：古代术数家倡"五德始终"之说，以金、木、水、火、土的相互生克来解释王朝更替，赵宋以火为国家的象征，故称炎宋。

⑦ 受周禅：赵匡胤仕后周，官至殿前都点检，公元960年，出兵抵御辽兵，至陈桥驿，发动兵变，逼恭帝让位，建立宋朝。

⑧ 十八传：宋朝自太祖赵匡胤到卫王赵昺，共传十八代。

⑨ 南北混：北宋为金灭之后，南宋先后与江北的金、元争战多年。作者为宋人，历代兴替，写至此而止。

【译文】

　　等到隋文帝杨坚统一天下后，只传了一代，便失去了天下。唐高祖李渊起仁义之师，消除了隋代的动乱，开创了唐王朝的基业。唐王朝共传了二十代，近三百年，后被梁所灭。后梁、后唐、后晋、后汉、后周五个朝代称为五代，它们的建立都各有由来。宋太祖赵匡胤兴兵，接受后周皇帝的禅让而建立宋朝，宋朝共传了十八代，分北宋、南宋两个阶段。

十七史，全在兹①。载治乱，知兴衰②。读史者，考实录③。通古今，若亲目④。口而诵，心而惟⑤。朝于斯，夕于斯⑥。

【注释】

① 十七史：指《史记》《汉书》《后汉书》《三国志》《晋书》《宋书》《南齐书》《梁书》《陈书》《魏书》《北齐书》《周书》《南史》《北史》《隋书》《新唐书》《新五代史》。兹：此，这里。

② 载治乱，知兴衰：古人修史、治史、读史，目的在于以史为鉴，总结后代治乱兴衰的经验教训。

③ 考：考证，稽考。实录：中国历代所修每位皇帝在位时的编年大事记。至清末光绪间，共修实录一百多部，今多数亡佚。此或泛指真实的历史记录、文献。

④ 若亲目：对历史事件熟悉得好像亲眼看到过一样。

⑤ 诵：朗读，念诵。惟：思考、思索。

⑥ 朝（zhāo）于斯，夕于斯：朝：早晨。斯：此，这样，此指读史。夕：晚上。

【译文】

十七史全在这里了，它记载了各朝各代治乱之迹，从中可以了解王朝兴衰的原因。想要读通历史，必须考察研究实录，通晓古今发生的事件，就像亲眼见到过一样。读书时，要做到口里吟诵，心里思考，早晚心思都用在这上面。

昔仲尼，师项橐①，古圣贤，尚勤学②。赵中令，读《鲁论》，彼既仕,学且勤③。披蒲编④,削竹简⑤,彼无书,且知勉⑥。头悬梁⑦,锥刺股⑧,彼不教,自勤苦⑨。如囊萤⑩,如映雪⑪,家虽贫,学不辍⑫。如负薪⑬,如挂角⑭,身虽劳,犹苦卓⑮。

【注释】

① 昔:过去,从前。仲尼:孔子名丘,字仲尼。项橐(tuó):春秋时鲁国神童,七岁时问难孔子,孔子拜他为师。

② 尚:尚且,还。

③ 赵中令:宋朝人赵普,官至中书令。《鲁论》:指《论语》。《论语》传至汉代,出现三种不同本子,齐人所传称《齐论》,鲁人所传称《鲁论》,汉景帝时鲁恭王刘余毁孔子宅,在墙壁里发现的称《古论》。彼既仕:赵普官至宰相,仍然白天管理朝政,晚上读《鲁论》,并对来访的宋太祖赵匡胤说:"若要齐家治国平天下,尽在这《鲁论》中矣。"

④ 披蒲编:汉代巨鹿路温舒,家贫无书,在沼泽地牧羊,将泽中蒲草编成席,借人《尚书》抄在上面读。披:阅读。

⑤ 削竹简:汉代公孙弘,幼年家贫,为人放猪,在竹林中将竹削去青皮,做成竹简,借人《春秋》抄在上面读。

⑥ 彼:代词,他们。勉:尽力,努力。

⑦ 头悬梁:东汉孙敬,读书至深夜,为防瞌睡,以绳系发悬于梁上。

⑧ 锥刺股:战国时苏秦,昼夜勤读,为防瞌睡,用锥自刺大腿。

⑨ 教:指点。

⑩ 囊萤:晋朝车胤,家贫无灯油读书,便捉萤火虫装入纱袋,借其光读书。

⑪ 映雪:晋朝人孙康家贫,夜读无灯,冬日就借雪光读书。

⑫ 辍(chuò):中止,停顿。

⑬ 负薪:汉朝朱买臣,自幼家贫,以砍柴为生,把书放在树枝上以

便阅读。挑柴回家的路上,把书挂在担头上,边走边读。
⑭ 挂角:隋朝李密,给人放牧,常骑在牛背上读书,将其余书本挂在牛角上。
⑮ 苦卓:刻苦自立。

【译文】

从前孔子曾拜七岁的项橐为师。古代的圣人尚且如此勤学好问,普通人更应当发奋努力。宋朝的中书令赵普研读《论语》,他在做官之后,学习还是十分勤奋。汉代的路温舒和公孙弘两人,一个把书抄在蒲席上学习,一个把书抄在竹简上学习。他们没钱买书,且能如此自勉而努力学习。晋代孙敬读书至深夜,为防瞌睡将头发悬于梁上;战国苏秦读书困倦时,就用利锥子刺大腿。这两人都没有老师的教诲,自己就能勤奋刻苦。晋代车胤把萤火虫放在纱袋里照明读书,晋代孙康冬天夜里借雪的反光来读书。他们家里虽然贫困,但还是继续学习。像汉代朱买臣边砍柴边读书,像隋代李密边放牛边读书。他们虽然身体劳累,但还是坚持苦学。

苏老泉,二十七,始发愤,读书籍①。彼既老,犹悔迟,尔小生,宜早思。若梁灏,八十二,对大廷,魁多士②。彼既成,众称异。尔小生,宜立志。莹八岁,能咏诗③,泌七岁,能赋棋④。彼颖悟⑤,人称奇。尔幼学,当效之。蔡文姬,能辨琴⑥。谢道韫,能咏吟⑦。彼女子,且聪敏。尔男子,当自警⑧。

【注释】

① 苏老泉:苏洵,字明允,号老泉,四川眉山人。二十七岁才发愤读书,终于成为唐宋古文八大家之一。这是古代大器晚成的典范。他生有二子,长子苏轼,字子瞻,号东坡,后来为翰林学士;次子苏辙,字子由。世称"三苏"。

② 梁灏：五代至宋初人，从后晋开始应试，历经后晋、后汉和后周，屡试不第，仍不气馁。宋太宗雍熙二年（公元985年）八十二岁时，终于状元及第，金殿对策，独占鳌头，为众士之首。魁：首领，号谓众士之首。

③ 莹：北魏人祖莹，自幼勤奋好学，日夜诵读，八岁时能咏诗成章，当时人称他小神童，后官至著作郎。

④ 泌：唐朝李泌。七岁时，奉唐玄宗之召入宫，玄宗正与张说下棋，因使张说试探一下他的才气。张说赋曰："方若棋局，圆若棋子，动若棋生，静若棋死。"李泌对曰："方若行义，圆若用智，动若骋才，静若得意。"玄宗大为称赏。

⑤ 颖悟：聪明过人。

⑥ 蔡文姬：东汉末人，蔡邕之女，名琰。传说她琴艺极高，并能从琴音中分辨吉凶。

⑦ 谢道韫：晋朝宰相谢安的侄女，喜读书，幼年就能作对吟诗，一天下大雪，谢安问："大雪纷纷何所似？"侄子谢朗说："'撒盐空中'差可拟。"道韫则说："未若'柳絮因风起'。"谢安深为道韫的才气所惊异。

⑧ 警：警醒，省悟。

【译文】

宋代苏洵（苏老泉）到了二十七岁才开始发愤读书，成为大文学家。苏洵年纪已大，还悔恨读书太迟，像你们小孩子，更应该早读书。像五代的梁灏，八十二岁时在朝廷应对，得中状元。梁灏得中，众人都感到惊奇。你们小孩子，更应立志。祖莹八岁时就能咏诗成章，李泌七岁就能当场作棋赋。他们的聪明，人人惊奇。你们这些幼小的学生，应该向他们学习。蔡文姬精通音律，谢道韫聪慧能咏诗。她们作为女子，尚且如此聪明，你们这些男子，更应当自我警示。

唐刘晏，方七岁，举神童，作正字①。彼虽幼，身已仕。尔幼学，勉而致②。有为者，亦若是。犬守夜，鸡司晨③。苟不学，曷为人④？蚕吐丝，蜂酿蜜。人不学，不如物。幼而学，壮而行⑤。上致君，下泽民⑥。扬名声，显父母⑦，光于前，裕于后⑧。人遗子，金满籝⑨。我教子，惟一经。勤有功，戏无益⑩。戒之哉，宜勉力。

【注释】

① 刘晏：字士安，曹州（今山东菏泽）南华人。少年饱学，七岁时为唐玄宗举为神童，授秘书省正字，负责校勘书籍。玄宗曾问他："卿为正字，正得几字？"晏答："天下字皆正，唯'朋'字未正。"讽谏逸臣当道，朋比为奸。玄宗大为惊异。后历仕玄、肃、代、德四朝，官至户部尚书、平章政事。

② 勉而致：勤奋努力就可能达到这种成就。

③ 司晨：报晓。司：职掌。

④ 曷：通"何"，如何，怎样。

⑤ 壮：长大成人。行（xíng）：将所学知识本领付诸应用。

⑥ 致：推引。杜甫诗："致君尧舜上。"泽民：造福于民。

⑦ 扬：传播。显：显耀。

⑧ 光于前：为前代祖宗增光。裕于后：为后代子孙造福。

⑨ 遗：留给。籝（yíng）：箱，笼。汉时鲁人韦贤及其子韦玄成，俱以明经位至宰相，时人语曰："遗子黄金满籝，不如教子一经。"

⑩ 戏：嬉戏，不认真。唐朝韩愈有言："业精于勤，而荒于嬉。"

【译文】

　　唐代刘晏，刚刚七岁，就被皇帝称为神童，授予翰林院的正字官。刘晏虽然年幼，却已经做了官。你们作为年幼的学生，应当自勉。有作为的，也应该像刘晏那样。狗能守夜看户，鸡能啼鸣报晓。人如果不学习，怎么做人呢？蚕可以吐丝，蜜蜂可以酿蜜。人如果不学习，那还不如这些动物。在年幼时学习，以后就能有所作为，上能辅佐君主，下能造福百姓。有所作为后，就能使自己名声远扬，显耀父母，光宗耀祖，造福后代。有人留给子孙后代满箱金银，我教育子孙们，只有一部经书而已。只要勤奋，就会有所成就，而游戏光阴则没有什么益处。一定要注意啊，应当勉励自己努力学习。

附

重订三字经

章炳麟撰

题　辞

《三字经》者，世传王伯厚所作。其叙历代废兴，本迄于宋，自辽金以下，则明清人所续也。其书先举方名事类，次及经史诸子，所以启导蒙稚者略备。观其分别部居，不相杂厕，以较梁人所集《千字文》，虽字有重复，辞无藻采，其启人知识过之。即《急就章》与《凡将篇》之比矣。余观今学校诸生，几并《五经》题名、历朝次第而不能举，而大学生有不知周公者，乃欲其通经义、知史法，其犹使眇者视、跛者履也欤！今欲重理旧学，使人人诵《诗》《书》，窥纪传，吾之力有弗能已。若所以诏小子者，则今之教科书，固弗如《三字经》远甚也，闲常举以语人，渐有信者。然诸所举人事部类，其切者犹有未具，明清人所增尤鄙。于是重为修订，所增入者三之一，更定者亦百之三四，以付家塾，使知昔儒所作，非苟而已矣。

中华民国十七年季春之月
章炳麟

人之初，性本善。性相近，习相远。苟不教，性乃迁。教之道，贵以专。昔孟母，择邻处；子不学，断机杼。荀季和，有义方；教八子，名俱扬。养不教，父之过；教不严，师之惰。子不学，非所宜。幼不学，老何为？玉不琢，不成器；人不学，不知义。为人子，方少时；亲师友，习礼仪。香九龄，能温席；孝于亲，所当执。融四岁，能让梨；弟于长，宜先知。首孝弟，次见闻。知某数，识某文。一而十，十而百，百而千，千而万。

三才者，天地人。三光者，日月星。三纲者，君臣义，父子亲，夫妇顺。曰春夏，曰秋冬，此四时，运不穷。曰南北，曰西东，此四方，应乎中。曰水火，木金土，此五行，本乎数。十干者，甲至癸；十二支，子至亥。曰黄道，日所躔；曰赤道，当中权。赤道下，温暖极。我中华，在东北。寒燠均，霜露改。右高原，左大海。曰江河，曰淮济，此四渎，水之纪。曰岱华，嵩恒衡，此五岳，山之名。古九州，今改制，称行省，二十二。曰士农，曰工商，此四民，国之良。医卜相，皆方技；星堪舆，小道泥。地所生，有草木，此植物，遍水陆。有虫鱼，有鸟兽，此动物，能飞走。稻粱菽，麦黍稷，此六谷，人所食。马牛羊，鸡犬，此六畜，人所饲。曰喜怒，曰哀惧，爱恶欲，七情具。曰仁义，礼智信，此五常，不容紊。青赤黄，及白黑，此五色，目所识。酸苦甘，及辛咸，此五味，口所含。膻焦香，及腥朽，此五臭，鼻所嗅。宫商角，及徵羽，此五音，耳所取。匏土革，木石金，与丝竹，乃八音。曰平上，曰去入，此四声，宜调协。九族者，序宗亲：高曾祖，父而身，身而子，子而孙，自子孙，至玄曾。五伦者，始夫妇，父子先，君臣后，次兄弟，及朋友，当顺叙，勿违负。有伯叔，有舅甥，婿妇翁，三党名。斩齐衰，大小功，至缌麻，五服终。

凡训蒙，须讲究，详训诂，明句读。礼乐射，御书数，古六艺，今不具。唯书学，人共遵。既识字，讲《说文》。有古文，大小篆，隶草继，不可乱。若广学，惧其繁，但略说，能知原。为学者，必有初，《小学》终，至"四书"。《论语》者，二十篇，群弟子，记善言。《孟子》者，七篇止，辨王霸，说仁义。《中庸》者，子思笔，中不偏，庸不易。《大学》者，学之程，自修齐，至治平。此二篇，在《礼记》，今单行，本元晦。"四书"通，《孝经》熟，如"六经"，始可读。"六经"者，统儒术，文周作，孔子述。《易》《诗》《书》，《礼》《春秋》，《乐经》亡，馀可求。有《连山》，有《归藏》，有《周易》，三易详。有典谟，有训诰，有誓命，《书》之奥。有国风，有雅颂，号"四诗"，当讽诵。《周礼》者，著六官，《仪礼》者，十七篇。大小戴，集《礼记》，述圣言，礼法备。王迹熄，《春秋》作，寓褒贬，别善恶。三传者，有《公羊》，有《左氏》，有《穀梁》。《尔雅》者，善辨言，求经训，此莫先。注疏备，《十三经》，惟《大戴》，疏未成。《左传》外，有《国语》，合群经，数十五。经既明，方读子，撮其要，记其事。古九流，多亡佚，取五种，修文质。五子者，有荀扬，文中子，及老庄。经子通，读诸史，考世系，知终始。自羲农，至黄帝，并顼喾，在上世。尧舜兴，禅尊位，号唐虞，为二帝。夏有禹，商有汤，周文武，称三王。夏传子，家天下，四百载，迁夏社。汤伐夏，国号商，六百载，至纣亡。周武王，始诛纣，八百载，最长久。周共和，始纪年，历宣幽，遂东迁。周道衰，王纲坠，逞干戈，尚游说。始春秋，终战国，五霸强，七雄出。嬴秦氏，始兼并，传二世，楚汉争。高祖兴，汉业建，至孝平，王莽篡。光武兴，为东汉，四百年，终于献。魏蜀吴，争汉鼎，号三国，迄两晋。宋齐继，梁陈承，为南朝，都金陵。北元魏，分东西，宇文周，与高齐。迨至隋，一土宇，不再传，失统绪。唐高祖，起义师，除隋乱，创国基。二十传，三百载，梁灭之，国乃改。

梁唐晋，及汉周，称五代，皆有由。赵宋兴，受周禅，十八传，南北混。辽与金，皆夷裔，元灭金，绝宋世。莅中国，兼戎狄，九十年，返沙碛。太祖兴，称大明，纪洪武，都金陵。迨成祖，迁宛平，十六世，至崇祯。权阉肆，流寇起，自成入，神器毁。清太祖，兴辽东，金之后，受明封。至世祖，乃大同，十二世，清祚终。凡正史，廿四部，益以清，成廿五。史虽繁，读有次，《史记》一，《汉书》二，《后汉》三，《国志》四，此四史，最精致。先四史，兼证经，参《通鉴》，约而精。历代事，全在兹，载治乱，知兴衰。读史者，考实录，通古今，若亲目。汉贾董，及许郑，皆经师，能述圣。宋周程、张朱陆，明王氏，皆道学。屈原赋，本风人，逮邹枚，暨卿云。韩与柳，并文雄，李若杜，为诗宗。凡学者，宜兼通，翼圣教，振民风。口而诵，心而惟，朝于斯，夕于斯。昔仲尼，师项橐，古圣贤，尚勤学。赵中令，读《鲁论》，彼既仕，学且勤。披蒲编，削竹简，彼无书，且知勉。火烁掌，锥刺股，彼不教，自勤苦。如囊萤，如映雪，家虽贫，学不辍。如负薪，如挂角，身虽劳，犹苦卓。苏明允，二十七，始发愤，读书籍。彼既老，犹悔迟，尔小生，宜早思。若荀卿，年五十，游稷下，习儒业。彼既成，众称异，尔小生，宜立志。莹八岁，能咏诗；泌七岁，能赋棋。彼颖悟，人称奇，尔幼学，当效之。蔡文姬，能辨琴；谢道韫，能咏吟。彼女子，且聪敏，尔男子，当自警。唐刘晏，方七岁，举神童，作正字。彼虽幼，身已仕，尔幼学，勉而致。

犬守夜，鸡司晨。苟不学，曷为人？蚕吐丝，蜂酿蜜。人不学，不如物。幼习业，壮致身。上匡国，下利民。扬名声，显父母。光于前，裕于后。人遗子，金满籯。我教子，惟一经。勤有功，戏无益。戒之哉，宜勉力。

百家姓

《百家姓》是我国民间流传较广的启蒙读物之一，几乎人人都能随口念几句。

　　中华民族的姓氏是一个经过长期历史发展的复杂现象。姓与氏，在先秦时代是有区别的。姓产生于母系氏族社会，以母系为主，起"明血缘""别婚姻"的作用。氏是姓的延伸分支。到父系氏族社会，姓氏成为父系氏族或部落的标志。到了奴隶社会，"氏族以别贵贱"，只有贵族男子才能称氏。周代姓氏有完整的制度。命氏之法，诸侯以所受封国为氏，卿大夫以所赐采邑为氏，或以职官为氏。诸侯之子称公子，孙称公孙，公孙之子以祖字为氏，此外还有以居地为氏的。春秋时，贵族男子不称姓，只称氏。由于贵族身份、封地常有变化，氏也随之变化。战国时期社会大变革，姓氏制度也出现混乱。到秦汉时期，姓氏合一，姓基本确定。随着民族之间的融合，不少兄弟民族改从汉姓，或自命汉姓，还有帝王赐姓、奴随主姓、妇随夫姓等复杂现象。

　　我国是世界人口大国，全国究竟有多少姓，历代记载统计相差很大。东汉应劭《风俗通义·姓氏篇》所列有500多姓；宋郑樵统计有1745姓；明初，吴沈等据朝廷黄册，辑成《皇明千家姓》，得单姓1768、复姓200，共1968姓；清人张澍综合研究得5129姓。到现代粗略统计，现存约3000姓。

　　编辑姓氏的工作，不知起于何时。东汉应劭《风俗通义·姓氏篇》应是现存最早记录姓的书。南北朝时有了专记姓的书，如刘宋时何承天《姓苑》、梁王僧孺《百家谱》。到唐代，敦煌文献中有《新集天下姓望氏族谱》、有林宝《元和姓纂》。宋嘉祐年间有采真子记的《千姓编》等。把姓按一定方法编缀起来供人诵读，唐代已出现，据注录，唐初书法家虞世南（558—638）已书有《百家姓》一卷。到宋代，《百家姓》已列为学校启蒙读物，大诗人陆游《秋日郊居》诗之七注云："农家十月，乃遣子入学，谓之冬学。所读《杂字》《百家姓》之类，谓之村书。"现在广为流传的《百家姓》，一般认为是宋人所编，这种观点实际上出于宋代学者王明清依据首句"赵钱孙李，周吴郑王"的推测，从者虽多，并不可靠。

《百家姓》广泛流行后，不断有人修订、增补、重编。如明代洪武年间吴沈等受皇帝之命，编写的《皇明千家姓》，首句为"朱奉天运，富有万方"，改以前有文无义，而为"尊国姓""颂圣德"的编排方法。

清朝有《御制百家姓》，称康熙编，首句"孔师阙党，孟席齐梁"，表示尊孔重儒。在少数民族地区，还出现了以本民族字母为序的《百家姓》，都未流行；广为流传的仍是以"赵钱孙李"为开篇的《百家姓》。本书即以此为底本。此本共收486姓，为便于读者了解各姓来源，本书将清人王相撰《百家姓考略》作为附录编入。

王杨张姜章郎方唐汤常康黄汪臧庞梁强郭骆霍莫宗洪龚翁
郑韩施陶窦花史倪安齐平湛明茅董麻颜邱凌卢应杭钮荣
吴沈吕魏水范凤鲍贺邬卞孟邵贝宋祝季童徐胡管解单吉陆
周蒋何金柏奚苗鄢雷郝皮顾姚米谈项席江钟樊畚干郁崔裴
李卫许华喻葛马柳薛毕傅卜尹狄戴屈闵危刁田柯缪邓石滑
孙褚尤严邹潘昌袁岑罗时元萧禹成舒蓝娄林蔡支裘贲左邢
钱陈秦曹谢苏韦任廉殷于余穆毛伏纪阮路盛夏万房宣诸嵇
赵冯朱孔戚云鲁俞费滕乐伍和祁计熊杜贾梅高虞经丁包程

封松弓蓬官戎龙薄鄂蒙双逢雍通农充容终弘东隆融空丰红公
家糜巴宓伊厉束蓟从屠苍劳郦寿尚阎鱼庾阙燮敖简须荆桓
麴邴焦侯仲钭詹黎邰蓝能贡宰牛浦瞿艾廖耿满阙燮敖简鞠须后益
甄汲乌车秋甘景邴蒲卓胥谭冉濮郑柴宦戈廖耿满阙燮敖简鞠须后益
惠靳巫谷仰暴刘韶怀赖郁翟堵桂冀晏习慎步寇利聂阚乜相逯
於储富山班栾符司白籍阴党扶桑燕庄茹易衡文沃库辛沙蒯权
羊段隗郝仇武幸宿咸乔莘申璩屠别连古居国叟巩訾毋关竺
荀芮井牧全宁祖叶印索池闻姬郜边温慕向暨匡欧师冷曾巢游

欧阳　上官　司马　万俟
东方　人闻　诸葛　侯侯
公羊　迟尉　皇甫　连赫
濮阳　宗政　冶官　台濂
申　叔　单　于淳
令　辕　于　孙公
慕　长　仲　离钟
容　孙　孙　
司　徒　文　鲜
空　司　闻　亍
车　督　司　颛
西　马　寇　漆
公　巫　端　拓
良　壤　木　跋
谷　乐　正　晋
钦　父　夹　楚
门　汝　谷　干
生　鄢　法　延
琴　东　里　帅
门　郭　百　丘
宫　舌　海　牟
佟　后　缑　哈
南　门　左　笪
阳　东　丘　言
终　门　佴　五
百　伯　佘　第
家　赏　谲　
姓　爱　
　　　
南　微
有　西
西　南

附

百家姓考略

(清)王相 撰

歙西徐士业建勋氏校刊

《百家姓》出《兔园集》,乃宋初钱塘老儒所作。时钱傲据浙,故首赵次钱,孙乃傲妃,李谓南唐主也。次则国之大族。随口叶韵,挂漏实多,识者訾之。然传播至今,童蒙诵习,奉为典册。乃就其所载,粗为笺注。方诸古今姓苑、氏族诸书,其犹射者之嚆矢也夫!

琅琊 王相 题

赵 钱 孙 李　周 吴 郑 王

【赵】角音。天水郡。伯益裔孙，造父事周穆王，以功封于赵城，子孙因氏焉。其后叔带仕晋，至赵夙世为晋卿。传赵籍，始灭晋为诸侯。汉有赵广汉，为京兆尹，宋太祖之远祖。

【钱】徵音。彭城郡，系出篯氏。彭祖姓篯名铿。支子去竹而为钱氏。

【孙】宫音。乐安郡，系出姬姓。卫武公子惠孙之孙，以祖字为氏，世为卫卿。又楚有孙氏，芊姓之后，孙叔敖为楚相。又齐有孙氏，陈姓之后，陈无宇子子占有功，赐姓孙氏。其后有孙武子，为吴将。武子之裔，世居富春。汉末有孙权，为吴帝，武子之裔也。

【李】徵音。陇西郡，系出理氏。皋陶之后，代为理官，子孙以官为氏。有理利贞避纣居李树下，改为李氏，老子之祖也。其后李牧仕赵，李广仕汉，唐祖李渊，广之裔也。又晋有里克，卫有礼至，皆理氏之后，与李同源。

【周】角音。汝南郡，系出姬姓。周平王少子烈之后，以国为氏。周有周任，战国有周霄。

【吴】羽音。延陵郡，系出姬姓。武王封太伯弟仲雍曾孙于吴，其后子孙以国为氏，战国有吴起，汉有吴芮，世为长沙王。

【郑】徵音。荥阳郡，系出姬姓。周厉王少子友封于郑，支子以国为氏。孔子弟子有郑国，秦有郑安平，汉有郑子真，裔孙郑露，避晋乱，徙闽莆，兴立学校，化行七闽。宋郑樵、郑侠皆其后。

【王】商音。太原郡，系出姬姓。周灵王太子晋之后。周有王诩，齐有王蠋，秦将王翦子贲生离，离子元，居琅琊郡；元弟威，居太原郡。又田齐之后，避难改为王氏。又魏信陵君子孙改姓王氏，又殷王子比干后亦曰王氏，凡二十一望，惟太原、琅琊二郡最著。

冯 陈 褚 卫　蒋 沈 韩 杨

【**冯**】宫音。始平郡，系出姬姓。文王子毕公高支子。食采于冯，子孙去邑为冯氏。战国有冯亭，汉有冯异。

【**陈**】徵音。颍川郡。虞舜之后胡公满封于陈，子孙以国为氏。孔子弟子陈亢，汉有陈寔，为太丘长，裔孙陈霸先，代齐有天下，国号陈。

【**褚**】羽音。河南郡，系出子姓。宋共公子段食采于褚，号曰褚师，子孙因以为氏。汉有褚少孙，补《史记》。

【**卫**】羽音。河东郡，系出姬姓。文王子康叔封于卫，其后以国为氏。汉有大将军卫青，丞相卫绾。

【**蒋**】商音。乐安郡，系出姬姓。周公子伯龄封于蒋，子孙以国为氏。汉有蒋诩，吴有蒋子文、蒋钦。

【**沈**】宫音。吴兴郡，系出姬姓。文王子聃季食采于沈，其后以邑为氏。楚有沈尹戌子沈诸梁为令尹，封于叶，号叶公。

【**韩**】商音。南阳郡，系出姬姓。武王少子封于韩，晋灭之，封桓叔子万于韩原，世为韩氏，至韩虔分晋国为诸侯。汉有韩信。

【**杨**】商音。弘农郡，系出姬姓。周宣王子尚父封于杨，晋灭之。晋武公子伯侨食采于羊舌，后为羊舌氏，至叔向更封于杨，子孙为杨氏。战国有杨朱，汉有杨喜，封赤泉侯，孙杨敞为丞相，后裔杨宝生震，震生秉，秉生赐，赐生彪，四世为三公，隋文帝杨坚之远祖也。又有扬氏从手不从木，周有扬侯，失国后为扬氏，汉有扬雄是也。

朱 秦 尤 许　　何 吕 施 张

【朱】角音。沛郡，颛顼之后。周武王封曹挟于邾，其后子孙去邑为朱氏，战国有朱亥。汉有朱买臣、朱云。

【秦】徵音。天水郡，系出嬴姓，伯益之后。有嬴非子仕周孝王，牧马于汧、渭，有功，封附庸之国于秦，至孙秦仲始列为诸侯。支子以国为氏。孔子弟子有秦祖、秦非。周有医师秦缓，字越人。

【尤】徵音。吴兴郡，系出沈氏。五代王审知称闽王，国人姓沈者避审音，去水为尤。宋有尚书尤袤。

【许】羽音。高阳郡，系出姜姓，神农之裔。周武王封文叔于许，以主太岳之祀，其后以国为氏。

【何】角音。庐江郡，系出韩姓。韩王安为秦所灭，其子孙避难，转音为何氏。汉有何休、何进。

【吕】羽音。河东郡，系出姜姓。神农后伯夷仕尧掌礼，佐禹治水，封于吕，世主太岳祀。周有吕尚，封齐，秦有吕不韦，其妾有娠，献庄襄王而生始皇帝。

【施】徵音。吴兴郡，系出姬姓。鲁惠公子施父之后，五代孙施伯以高祖字为氏。孔子弟子施子常。

【张】商音。清河郡。黄帝第五子青阳生挥，观弧星，始制弓矢，为弓正，主祀弧，遂为张氏。周有张仲，汉有张良。

孔 曹 严 华　　金 魏 陶 姜

【孔】角音。鲁郡，系出子姓。武王封商微子于宋，至闵公捷生弗父何，何玄孙嘉字孔父，孔父孙睾夷父以祖字为孔氏。夷父子防叔仕于鲁国，防叔孙叔梁纥生孔子。又卫有大夫孔文，字圉。

【曹】角音。谯郡。颛顼五世孙陆终第五子安，大禹赐为曹姓。邾国、黎、郳皆其后也。又姬姓，文王子曹叔振铎封国于曹，其后以国为氏。鲁有曹刿。邾国之曹，世居谯郡。汉有曹参，后裔曹腾为中常侍，养甥夏侯氏之子嵩为子，生操为汉相，子丕代汉为魏文帝。

【严】宫音。天水郡。楚庄王庶孙，以王父谥为氏。后避汉明帝讳，改庄为严。凡《汉书》严青翟、严助、严遵、严光，皆生时姓庄，死后史官改其姓为严也。

【华】角音。武陵郡，系出子姓。宋戴公孙督食采于华，以邑为氏。世为宋卿。齐有华周，汉有华佗、华歆。

【金】角音。彭城郡。少昊金天氏之后。又汉灭休屠国，以王子日䃅入侍大庭，后以功封侯，赐姓金氏。

【魏】宫音。巨鹿郡，系出毕公高。裔孙毕万，仕晋为大夫，食采于魏，世为晋卿，至魏斯分晋为诸侯，以国为氏。秦有魏冉，汉有魏无知、魏相。

【陶】徵音。济阳郡，系出陶唐氏。唐尧始封于陶，支子因氏。周有陶荅子，汉有陶青。

【姜】商音。天水郡，系出神农氏。神农生于姜水，因姓姜氏。黄帝时，神农氏子孙，世主太岳之祀，周武王封吕望于齐，以主太岳，复赐姓姜氏。汉有姜诗、姜维。

戚 谢 邹 喻　柏 水 窦 章

【戚】商音。东海郡。卫大夫孙林父食采于戚，支子以邑为氏。汉有戚鳃，高祖戚夫人父，封临辕侯。

【谢】商音。陈留郡。周宣王封舅申伯于谢，支子以地为氏，晋有谢安。

【邹】商音。范阳郡。周曹挟封于邾，战国时改国号邹，支子以国为氏。周有邹衍，齐有邹忌，汉有邹阳。

【喻】羽音。江夏郡，郑之公族。汉苍梧守谕猛，改姓喻氏。

【柏】商音。魏郡，系出柏皇氏。上古有柏招为炎帝师，柏同为帝喾师，封国于柏。汉有大鸿胪柏英。

【水】宫音。吴兴郡，系出姒姓。明鄞县有水甦民，其先世以禹王庶孙留居会稽，以水为氏，科第甚蕃。又有水丘氏，复姓。

【窦】徵音。扶风郡，系出姒姓。夏帝相后有仍氏，遭寒浞之难，逃出自窦而生少康，少康次子龙留居有仍，以窦为氏。晋有窦鸣犊，汉有窦婴。

【章】商音。河间郡，系出姜氏。齐太公支子，封于鄣，子孙去邑为章氏。齐有章子，秦有章邯。

云 苏 潘 葛　奚 范 彭 郎

【云】徵音。琅琊郡，系出云阳氏。隋有云定兴。

【苏】羽音。武功郡。颛顼裔孙陆终子樊，封于昆吾，世为夏伯，支子封于苏，苏公忿生，为周司寇，战国有苏秦，汉有苏武。

【潘】羽音。荥阳郡。周毕公高支子食采于潘，以邑为氏。楚有潘崇，吴有潘璋。

【葛】商音。顿丘郡，系出嬴姓。颛顼之后封于葛，其后以国为氏。秦有葛婴，晋有葛洪仙翁。

【奚】商音。谯郡。黄帝子禺阳封于任，裔孙仲为夏车正，食采于奚，故曰奚仲，支子以邑为氏。孔子弟子奚容箴，汉功臣奚涓。

【范】宫音。高平郡。尧后刘累裔孙杜隰，仕晋为士师，子芴以官姓士氏。后食采于范，世为晋卿，以邑为氏。秦有范雎，楚有范增。

【彭】宫音。陇西郡，系出篯氏。颛顼裔孙陆终氏第三子篯铿，封于彭，是为彭祖，历唐、虞、夏、商，寿八百岁，子孙世为诸侯，即大彭氏，与豕韦氏作商二伯。其后孟子弟子彭更。汉有彭越，封梁王。

【郎】商音。中山郡。鲁懿公孙费伯，城郎邑以居，子孙因氏焉。汉有郎顗，唐有郎士元。

鲁韦昌马　苗凤花方

【鲁】羽音。扶风郡，系出姬姓。周公元子鲁公伯禽封于鲁，支子以国为氏。战国有鲁仲连，汉有鲁恭。

【韦】羽音。京兆郡，系出豕韦氏。世为夏、商侯伯，子孙以国为氏。汉有韦贤、韦元成父子，皆为丞相。

【昌】商音。汝南郡，系出有熊氏。黄帝子昌意，昌意子帝颛顼高阳氏，高阳支子以王父字为氏。汉有昌豨。

【马】羽音。扶风郡，系出赵姓。赵王子赵奢，封马服君，子孙以为氏。汉有马援。

【苗】羽音。东阳郡。楚令尹斗椒之子贲皇仕晋，食采于苗，因氏焉。汉有苗䜣，唐有苗晋卿，相肃宗。

【凤】宫音。邰阳郡，系出蒙氏，南诏主阁罗凤之裔。唐南诏国君姓蒙氏。寻罗阁生阁罗凤，阁罗凤生凤迦异，凤迦异生异牟寻。其长子名重父下一字，其支子即以父名下一字为姓，故阁罗凤庶子即姓凤氏，滇、黔之人多有此姓。

【花】宫音。东平郡，系出华氏。古无花字，通作华。后专用花为花草之花，故华姓亦有改为花者，唐有花敬定，蜀大将，明有花云。

【方】商音。河南郡，系出方雷氏。周有方叔，为宣王卿士。

俞 任 袁 柳　鄞 鲍 史 唐

- 【俞】角音。河间郡。黄帝臣俞伯名跗,注《素问》,周有俞伯牙。
- 【任】宫音。东安郡,系出有熊氏。黄帝子禺阳封于有任,以国为氏。文王妃太任,任国之女,魏有任座,秦有任嚣。
- 【袁】羽音。汝南郡,系出妫姓。陈大夫庄伯辕孙涛涂,以祖字为氏。后世去车为袁,或作爰,实同出一源也。汉有袁盎。
- 【柳】商音。河东郡,系出展氏。鲁公子夷伯孙无骇子展获,字禽,食邑柳下,后世以为氏。战国有柳庄,汉有柳隗,为齐王相。
- 【鄞】宫音。京兆郡,系出姬姓。文王少子封于鄞,其后有鄞舒,相潞国。
- 【鲍】宫音。上党郡,系出姒姓。禹王之后,有敬叔,仕齐,食邑于鲍。后有鲍叔牙。
- 【史】徵音。京兆郡,系出史皇氏。仓颉之后史佚,为周太史。汉有史高。
- 【唐】徵音。晋昌郡,系出陶唐氏。舜封尧子丹朱于唐,其后子孙以国为氏。汉有东园公唐宣明,四皓之一。

费 廉 岑 薛　雷 贺 倪 汤

- 【费】羽音。江夏郡,系出嬴姓。伯益治水封于大费,裔孙昌仕商,以国为氏。纣臣有费仲,鲁有费伯。
- 【廉】角音。河东郡,颛顼曾孙,大廉之后。以祖字为氏。赵有廉颇。
- 【岑】宫音。南阳郡,系出姬姓。周武王封叔耀子渠于岑,子孙以国为氏。后汉有岑彭,封武阳侯。
- 【薛】徵音。河东郡,系出任姓。黄帝裔孙奚仲封于薛,历夏、商、周,世为诸侯。后世子孙以国为氏。宋有薛居州,赵有薛公。

【雷】商音。冯翊郡，系出黄帝子雷公之后。汉有雷义，晋有雷焕。

【贺】商音。广平郡，系出庆氏，齐公子庆父之后。汉侍中庆纯，避安帝父清河王讳，改贺氏。晋有贺循，唐有贺知章。

【倪】宫音。千乘郡。周有黎郳，附庸小国，后号小邾，子孙去邑为兒氏。汉有兒宽，后加人为倪。

【汤】商音。中山郡，系出子姓。宋公子荡意诸，后去草为汤氏。晋有汤休。

滕 殷 罗 毕　郝 邬 安 常

【滕】宫音。南阳郡，系出姬姓。武王封弟叔绣于滕，其后以国为氏。战国有滕更，汉有滕婴。

【殷】宫音。汝南郡，系出子姓。商自盘庚迁国，改号曰殷，其后以国为氏。晋有殷浩，唐有殷开山。

【罗】徵音。豫章郡，系出祝融氏。春秋有罗国，子孙以国为氏。晋有罗结，唐有罗艺。

【毕】徵音。河南郡，系出姬姓。周文王子毕公高之后，以国为氏。晋国有毕万，晋朝有毕卓。

【郝】徵音。太原郡，系出太昊氏。太昊弟郝省封于郝。汉有郝贤，晋有郝隆。

【邬】商音。太原郡，晋大夫邬藏之后。孔子弟子有邬单。

【安】商音。武陵郡，系出有熊氏。昌意子安，居于西戎，是为安息国。后魏时，世子入侍，赐姓名安同，唐有安金藏。

【常】商音。平原郡，黄帝相常先之后。汉有常惠，晋有常璩，明有开平忠武王常遇春。

乐于时傅　皮卞齐康

- 【乐】角音。南阳郡，系出子姓。宋戴公子衎，字乐父，其后以王父字为氏。燕有乐毅，又有乐正、乐羊，皆复姓。又药姓出河内郡，汉有药崧。
- 【于】羽音。河内郡，系出姬姓。武王子封于邘，后世去邑为于氏。汉有于定国，相宣帝。
- 【时】徵音。陇西郡。宋大夫公子来，食采于时。齐有时子，汉有时苗。
- 【傅】商音。清河郡。商有傅说，为武丁相；汉有傅介子。
- 【皮】羽音。天水郡。周卿士樊仲皮之后，以字为氏。北齐有皮景和，唐有皮日休。
- 【卞】羽音。济阳郡。曹叔振铎之后，仕鲁为卞邑大夫，有卞庄子。楚有卞和，东晋有卞壸。
- 【齐】徵音。汝南郡，系出姜姓。太公封齐，其后以国为氏。唐有齐映、齐抗，族兄弟同时为相。
- 【康】商音。京兆郡。卫康叔之后，以谥为氏。汉有康衡、康穆。

伍余元卜　顾孟平黄

- 【伍】羽音。安定郡，系出芈姓。楚公族有伍氏，伍举、伍奢世为楚卿，伍员之祖与父也。
- 【余】商音。下邳郡。秦穆公伐西戎，获其臣由余以为上卿，其后以王父字为氏。宋有余靖、余玠。
- 【元】商音。河南郡。卫大夫元咺之后，又出北魏拓跋氏，孝文帝改姓元氏，唐有元稹。
- 【卜】羽音。西河郡。周有太卜之官，其后以官为氏。晋有卜偃，孔子弟子卜商，汉有卜式。

【顾】羽音。武陵郡。夏有顾国，后以为氏。吴有顾雍，晋有顾恺之。

【孟】羽音。平陆郡，系出姬姓。鲁桓公子庆父，世为卿，号孟孙氏，孟子其裔也。汉有孟敏、孟尝。

【平】商音。河内郡。韩哀侯少子婼，食采于平，后以邑为氏。汉有丞相平当。

【黄】商音。江夏郡。颛帝曾孙陆终之后，封于黄，子孙以国为氏。楚有春申君黄歇，汉有丞相黄霸，孝子黄香。

和 穆 萧 尹　　姚 邵 湛 汪

【和】商音。汝南郡。尧臣和仲后，以官为氏。北齐有和士开，五代有和凝。

【穆】羽音。河南郡，系出子姓。宋穆公支孙，以谥为氏。汉有穆生。

【萧】角音。兰陵郡，系出子姓。微子支孙封于萧。为宋附庸，子孙以国为氏。汉有丞相萧何，裔孙道成为南齐高帝，传七世；道成族孙衍，受齐禅，为梁武帝，传四世。

【尹】徵音。天水郡。系出少昊裔孙尹寿，为帝尧师。周有尹吉甫，老子弟子尹喜，汉有尹赏。

【姚】商音。吴兴郡，系出有虞氏。瞽瞍生舜于姚墟，故姓姚氏。帝尧降二女于舜，赐姓妫氏。禹封商均于虞城，武王封虞舜之后胡公满为陈国，皆以国为氏。又胡公支子姓胡氏。陈敬仲奔齐，子孙姓田氏，田齐失国，居元城，又姓王氏。凡七姓皆舜之后。

【邵】商音。博陵郡，系出姬姓。召康公封于燕，其次子世为畿内诸侯，作王卿士，号曰召公，因为召氏，后世子孙增邑为邵氏。秦有邵平，汉有召信臣，同出一祖。

【湛】商音。豫章郡，系出姒姓。夏同姓诸侯斟灌氏，其后子孙去斗去雚，合二字为湛氏。汉有湛重，明有湛若水。

【汪】商音。平阳郡。汪茫氏之后,又鲁桓公庶子满,食采于汪,因邑为氏。鲁有汪锜,唐有汪华,封越公,世居于歙。

祁毛禹狄　米贝明臧

【祁】徵音。太原郡,帝尧伊祁之后。晋有祁弥明、祁奚。

【毛】羽音。西河郡,系出姬姓。文王子毛伯之后,世为周卿士,因国为氏。赵有毛公,汉有毛苌。

【禹】羽音。陇西郡,系出妘姓。云梦之间有鄅国,为楚附庸,后去邑为氏。

【狄】徵音。天水郡,系出姬姓。周康王封弟孝伯于狄城,其后以地为氏。唐有狄仁杰,宋有狄青。

【米】徵音。京兆郡,系出西域米国。汉有米楷,宋有米芾。

【贝】宫音。清河郡,系出姬氏。召康公支子,食采于巨野之浿水,后为邶国,子孙去邑为贝氏,汉有贝瑗。

【明】宫音。吴兴郡,系出谯明氏。其后明由为燧人相。南齐有明僧绍,唐有明崇俨,元有明玉珍。

【臧】商音。东海郡,系出姬姓。鲁孝公子彄食采于臧,其后僖伯、哀伯、文仲、武仲世为鲁卿。汉有臧宫、臧洪。

计伏成戴　谈宋茅庞

【计】商音。京兆郡,系出姒姓。越大夫计倪、计然,越之公族也。

【伏】商音。太原郡,系出风姓。伏羲子孙,因号为氏。汉有伏胜、伏湛。

【成】商音。上谷郡,系出姬姓。文王子郕叔武之后,去邑为成氏,齐有成覸。

【戴】徵音。谯郡,系出子姓。宋戴公支孙,以谥为氏。宋有戴盈之、戴不胜,汉有戴德、戴圣。

【谈】徵音。广平郡，系出籍氏。周大夫籍谈之后，避项籍讳，为谈氏。

【宋】宫音。京兆郡，系出子姓。周武王封纣庶兄微子启于宋，后世子孙以国为氏。楚有宋玉、宋义，汉有宋昌。

【茅】商音。东海郡，系出姬姓。周公支子封于茅，其后以国为氏。秦有茅焦。

【庞】宫音。始平郡，系出高阳氏。高阳才子庞降之后。魏有庞涓，汉有庞德公。

熊 纪 舒 屈　　项 祝 董 梁

【熊】宫音。江陵郡，系出高阳氏。颛顼孙陆终第六子季连为芈姓，子附叙封于熊，后有鬻熊为文王师，武王封其曾孙熊绎于楚，至熊渠僭称王，更姓熊氏。汉有熊乔、熊尚。

【纪】徵音。平阳郡，姜姓。四岳之后，封国于纪，后以国为氏。楚有纪昌，汉有纪信。

【舒】徵音。京兆郡。颛顼之后，封于舒，后以国为氏。唐有舒元舆。

【屈】宫音。临淮郡，系出芈姓。楚武王子瑕封于屈，后以为氏，楚有屈原。又有屈突，复姓也。

【项】商音。辽西郡，系出芈姓。楚公子燕，封项城，姓项氏。又姬姓，齐桓公灭项，子孙以国为氏。楚有项羽。

【祝】商音。太原郡，系出有熊氏。周武王封黄帝之后于祝，后以国为氏。卫有祝鮀，郑有祝聃。

【董】角音。陇西郡，系出有熊氏。黄帝孙飂叔安子董父之后。晋有董狐，汉有董仲舒。

【梁】商音。安定郡。颛顼之后，封于梁，后以国为氏。汉有梁松。又梁邱，复姓也。

杜 阮 蓝 闵　席 季 麻 强

【杜】商音。京兆郡。帝尧之后,封于唐,周灭之,处其族于唐杜之间,居杜者姓杜氏。周有杜伯,晋有杜原款,汉有杜延年。

【阮】角音。陈留郡。商有阮国,后以国为氏。魏有阮籍。

【蓝】徵音。汝南郡,系出芈姓。楚公子亹封于蓝,谓之蓝尹,后以邑为氏。

【闵】宫音。陇西郡,系出姬姓。鲁公族闵马父封于闵乡,因以为氏。后有闵子骞。

【席】商音。安定郡,系出籍氏。周大夫籍谈后世避项籍名,改姓席氏、谈氏。

【季】徵音。渤海郡,系出姬姓。鲁桓公子季友之后。又随国大夫季梁。汉有季布。

【麻】商音。上谷郡,系出熊姓。楚公族熊婴奔齐,更姓麻氏。隋有麻叔谋。

【强】商音。天水郡,系出姜姓。齐大夫公孙疆之后。疆与强相近,后以为氏。郑有大夫强鉏。

贾 路 娄 危　江 童 颜 郭

【贾】商音。武威郡,系出姬姓。唐叔虞少子封于贾,后以为氏。晋有贾华,汉有贾谊、贾复。

【路】商音。内黄郡,系出高辛氏。封于路,其后以国为氏。汉有路博德。

【娄】商音。谯郡,系出姒姓。杞东楼公后,去木为娄。汉有娄敬,唐有娄师德。

【危】官音。汝南郡，系出三危氏。唐有危仔昌，后赐姓元氏。

【江】商音。济阳郡，系出嬴姓。国于江汉之间，支子以国为氏。汉有江革。

【童】官音。雁门郡，系出胥氏。晋大夫胥童后，以王父字为氏。汉有童恢。

【颜】商音。鲁郡，系出姬姓。鲁公伯禽少子颜之后，以字为氏。有颜路、颜渊。

【郭】商音。太原郡，系出姬姓。武王封王季次子虢仲于东虢，虢叔为西虢，号曰二虢。后虢叔之国改号郭，支子以国为氏。汉有郭解、郭泰，唐有郭子仪，五代有郭威，为周太祖。

梅 盛 林 刁　钟 徐 邱 骆

【梅】羽音。汝南郡，系出子姓。殷王太丁封弟于梅，是为梅伯，后以国为氏。汉有梅鋗、梅福。

【盛】羽音。汝南郡，系出姬姓。召公奭支孙封于盛，为燕附庸，姓奭氏。后避汉元帝讳，更以国为盛氏。

【林】官音。西河郡，系出子姓。王子比干子坚，避乱居长林山，因姓林氏。鲁有林放，孔子弟子。

【刁】徵音。弘农郡，系出姬姓。文王同姓有雕国，后更为刁氏。齐有竖刁，晋有刁协。

【钟】角音。颍川郡，系出芈氏。楚公族钟建封于钟吾，其后为钟吾氏，或为钟氏。楚有钟仪、钟期，魏有钟繇。

【徐】商音。东海郡，系出嬴姓。伯益子若木生调，封于徐。历夏、商、周为诸侯，后以国为氏。汉有徐稚，吴有徐盛。

【邱】官音。河南郡，系出姜姓。太公封于营邱，支子以地为邱氏。又有闾邱、梁邱，俱复姓也。

【骆】商音。内黄郡，系出嬴姓。非子父大骆。大骆长子成世居太邱，国号大骆。厉王时灭于西戎，馀子以国为氏，唐有骆宾王。

高夏蔡田　樊胡凌霍

【高】角音。渤海郡，系出姜姓。齐文公子子高后，以字为氏。高傒世为齐卿，孔子弟子高柴，汉有高凤。

【夏】羽音。会稽郡，系出姒姓。夏后氏子孙以国为氏。又陈公子夏征舒，秦有夏无且。

【蔡】徵音。济阳郡，系出姬姓。文王子叔度封蔡，后以国为氏。晋有蔡墨，秦有蔡泽，汉有丞相蔡义。

【田】徵音。雁门郡，系出陈氏。陈桓公子完仕齐为卿，姓陈氏，至陈恒更姓田氏，孙田和代有齐国。汉有田延年。

【樊】商音。上党郡，系出仲氏。仲山甫封樊侯，以国为氏。孔子弟子樊迟，汉有樊哙。

【胡】羽音。安定郡，系出妫姓。陈胡公满支子以谥为氏。齐有胡龁，汉有胡广。

【凌】徵音。河间郡，系出姬姓。卫公子仕于周，为凌人，以官为氏。吴有凌统。

【霍】羽音。太原郡，系出姬姓。文王子霍叔之后，以国为氏。汉有霍光。

虞万支柯　昝管卢莫

【虞】商音。陈留郡，系出妫姓。舜后封虞，以国为氏。又姬姓。太伯弟虞仲雍之后。魏有虞邱子，汉有虞诩。

【万】商音。扶风郡，毕万之后。孟子弟子万章。

【支】徵音。邰阳郡。汉宣帝时，郅支单于世子入侍，其裔留于京师，遂姓支氏。汉有支雄，晋有支遁。

【柯】商音。济阳郡，系出姬姓。吴王柯庐之后。

【昝】徵音。太原郡，系出咎氏。商相咎单之后。咎，古音高，又音灾咎之咎，故增一画为昝氏。

【管】徵音。晋昌郡，系出姬姓。文王第三子管叔鲜后。齐有管仲，汉有管宁。

【卢】商音。范阳郡，系出姜姓。齐文公子子高之孙，食采于卢，因氏焉。汉有卢绾。

【莫】商音。巨鹿郡，系出高阳氏。封于鄚，子孙去邑为氏。汉有莫藏用。

经 房 裘 缪　干 解 应 宗

【经】徵音。荥阳郡，系出京氏。郑公子京、叔段之后，有京氏。汉京房子孙避仇改经氏。

【房】商音。清河郡，系出陶唐氏。舜封丹朱于房陵，国号唐。又封支子于房竹，其后以国为氏。汉有房植，唐有房玄龄。

【裘】角音。渤海郡。卫大夫食采于裘，后以邑为氏。汉有裘仲友。

【缪】羽音。兰陵郡，系出嬴氏。秦缪公之后，以谥为氏。汉有缪彤。

【干】徵音。颍川郡，系出子姓。宋大夫干犨之后。晋有干宝。又段干氏支子，亦为干氏。

【解】商音。平阳郡。唐叔虞子良食采于解，因氏焉。后有解扬。

【应】宫音。汝南郡，系出姬姓。武王第四子封于应，其后以国为氏。汉有应劭。

【宗】宫音。京兆郡。周大夫宗伯之后，以官为氏。汉有宗资。

丁 宣 贲 邓　郁 单 杭 洪

【丁】徵音。济阳郡，系出姜姓。齐太公子丁公之后，以谥为氏。汉有丁公、丁固。

【宣】徵音。始平郡，系出姬姓。鲁大夫宣伯之后，以谥为氏。汉有宣秉。

【贲】徵音。宣城郡，系出苗氏。晋大夫苗贲皇之后，以祖字为氏。

【邓】徵音。南阳郡。商武丁封叔曼季于邓，后以国为氏。汉有邓彭祖、邓禹。

【郁】宫音。黎阳郡，鲁相郁黄之后。

【单】徵音。南安郡，系出姬姓。周成王封少子臻于单，为畿内诸侯，世相王室，号单伯。

【杭】商音。余杭郡，系出姒姓。禹王治水，所余舟航，以支子统之，因封国为余航。其后去舟加木，为杭氏。

【洪】角音。豫章郡。旧传共工之后，避仇改为洪。又云卫大夫弘演之后，至唐始避高宗子弘之讳为洪氏。三国有洪矩，宋有洪皓。

包 诸 左 石　崔 吉 钮 龚

【包】羽音。上党郡。楚大夫申包胥后，以祖字为氏。汉有包咸。

【诸】徵音。琅琊郡，系出姒姓。越国之裔，闽粤王无诸之后，因祖字为氏。

【左】商音。济阳郡，系出熊氏。鬻熊之后倚相，为楚威王左史，后为左氏。鲁有左丘明，汉有左雄，晋有左思。

【石】徵音。武威郡，系出姬姓。卫公族大夫石碏之后。汉有石建。

【崔】角音。博陵郡，系出姜姓。齐丁公子居崔，因氏焉。后有崔杼，汉有崔寔，魏有崔皓。

【吉】徵音。冯翊郡。周尹吉甫之后，以王父字为氏。汉有吉平。

【钮】宫音。吴兴郡，世系未详。晋有钮滔。

【龚】羽音。武陵郡，系出共工氏。黄帝臣共工司水土，子句龙继其职，其后为龚氏。汉有龚遂。

程 嵇 邢 滑　裴 陆 荣 翁

【程】商音。安定郡，系出高阳氏。颛顼孙重黎为尧南正司火之官，世封程伯。周有程伯休父，晋有程婴。

【嵇】商音。谯郡。夏少康封子于会稽，遂为稽氏。汉初徙谯，改为嵇氏，晋有嵇康。

【邢】商音。河间郡，系出姬姓。周公第四子封于邢，以国为氏。齐有邢子才。

【滑】商音。下邳郡，系出姬姓。滑国之后。汉有滑兴。

【裴】商音。河东郡，系出嬴姓。伯益之裔蜚廉之后，封于蜚邑，后嗣裴陵，去邑从衣为裴氏。汉有裴潜，宋有裴松之。蜚，音裴。

【陆】角音。河南郡。齐宣王封少子季逵于平陆，即古陆终氏之墟，其后以陆为氏。汉有陆贾，晋有陆机、陆云。

【荣】商音。上谷郡，周文王臣荣公之后。孔子弟子有荣旂，鲁有荣启期。

【翁】商音。钱塘郡。周昭王庶子食翁山，因氏焉。汉有翁君、翁伯。

荀 羊 於 惠　甄 麹 家 封

【荀】徵音。河内郡，系出姬姓。文王子郇伯之后，去邑加草为荀氏。晋荀寅世为卿，周有荀卿，汉有荀淑。

【羊】商音。京兆郡，系出祁氏。晋大夫祁盈之后，封于羊舌，其嗣去舌为羊氏。汉有羊仲，晋有羊祜。

【於】羽音。京兆郡，系出有熊氏。黄帝孙封于商於，其后为於氏。

【惠】商音。扶风郡，系出姬姓。周惠王之后，有周大夫惠施。

【甄】徵音。中山郡，系出庭坚氏。皋陶少子仲甄仕夏，封于甄，后以王父字为氏。汉有甄邯。

- 【鞠】宫音。汝南郡,系出周官。鞠氏以官为氏。汉有鞠义。
- 【家】角音。京兆郡,系出姬姓。周孝王子家父之后,世为周卿,姓家氏。宋有家铉翁。
- 【封】宫音。渤海郡,系出姜姓。炎帝裔孙封巨,为黄帝师,后为封氏。汉有封芨,唐有封伦。

芮羿储靳　汲邴糜松

- 【芮】徵音。平原郡。周司徒芮伯之后,有芮良夫。
- 【羿】羽音。齐郡。系出有穷后羿之裔。
- 【储】羽音。河东郡。齐储子之后。
- 【靳】徵音。西河郡,系出芊姓。楚公族大夫靳尚之后。汉有靳歙。
- 【汲】羽音。清河郡,系出姬姓。卫宣公太子汲之后,姓汲氏。汉有汲黯。
- 【邴】商音。平阳郡。晋大夫食采于邴,因氏焉。汉有邴原。
- 【糜】宫音。汝南郡,夏同姓诸侯有糜氏之后。汉有糜竺。
- 【松】宫音。东莞郡,世系未详。隋有松赟。

井段富巫　乌焦巴弓

- 【井】徵音。扶风郡。虞大夫井伯之后,以字为氏,晋灭虞,以井奚入秦,秦穆公以为大夫,封邑于百里,号百里奚。支子为井氏。
- 【段】徵音。京兆郡,系出李氏。老子孙李宗仕晋,食邑于段干,世为段干氏。魏有段干木,子孙为段氏,又为干氏。晋有段匹磾,唐有段文昌。
- 【富】羽音。齐郡,系出姬姓。周同姓大夫富父,后有富辰,世为周卿。宋有富弼。
- 【巫】宫音。平阳郡,系出高辛氏。高辛支子巫人封于巫,姓巫氏。

商巫咸、巫贤父子为相。

【乌】商音。颍川郡，系出金天氏。少昊以鸟名官，有乌鸟氏，主山陵，其后为乌氏。周有乌获，唐有乌承玼。

【焦】角音。中山郡，系出神农氏。周武王封神农之后于焦，后以国为氏。汉有焦先。

【巴】徵音。高平郡，系出姬姓。楚附庸国，后为巴氏。

【弓】羽音。太原郡。鲁大夫叔弓之后，以王父字为氏。汉有光禄勋弓阯。

牧 隗 山 谷　　车 侯 宓 蓬

【牧】商音。弘农郡。黄帝相力牧之后，以字为氏。周有牧仲、牧皮。

【隗】官音。余杭郡，系出夏后氏。商封桀后于隗国，其后白翟、赤狄皆隗姓也。汉有隗嚣。

【山】商音。河南郡，系出列山氏。周山师掌山林之官，以官为氏。晋有山涛。

【谷】羽音。上谷郡，系出夹谷氏。齐公子尾孙，封于夹谷，后姓谷氏。汉有谷永。又有谷那，复姓也。

【车】角音。京兆郡，系出子车氏。秦公族子车仲行之后，为车氏，又汉丞相田千秋乘车入朝，人号车丞相，因氏焉。

【侯】角音。上谷郡，系出史皇氏。仓帝史皇姓侯，名冈，字颉，后为侯氏。魏有侯嬴，汉有侯霸。

【宓】角音。平昌郡，系出太昊氏。伏羲字古作宓犧，宓与伏古同音。孔子弟子宓子贱。

【蓬】官音。长乐郡。周封支子于蓬州，因以为氏。汉有蓬球。

全 郗 班 仰　　秋 仲 伊 宫

【全】商音。京兆郡，系出泉氏。周官泉府掌钱，后改全氏。吴有全琮。

【郗】角音。山阳郡,系出己姓。少昊之后,封于郗。晋有郗诜、郗鉴。

【班】商音。扶风郡,系出斗氏。楚公族斗榖於菟之后,令尹子文少弃于野,有虎乳之,楚人谓虎为於菟,谓乳为榖,故名榖於菟,字子文。文者,虎之斑,后姓斑,又姓班氏。汉有班彪,长子固,次超。

【仰】宫音。汝南郡,系出嬴姓。秦惠文王子公子印之后,印古仰字,子孙以祖字,增人为仰氏。唐有仰仁诠。

【秋】商音。天水郡,系出姬姓。鲁大夫仲孙湫之孙有名胡者,仕于陈,以祖字去水为秋氏。

【仲】宫音。中山郡,系出任氏。汤左相仲虺之后,周有樊侯仲山甫,鲁仲孙支子亦姓仲氏,孔子弟子仲由。

【伊】宫音。陈留郡,系出陶唐氏。尧生于伊水,故姓伊祁氏,其后支子为伊氏。商有伊尹、伊挚,汉有伊籍。

【宫】宫音。太原郡,系出姬姓。鲁孟僖子之子韬,食邑南宫,即孔子弟子南宫适,其后支子为宫氏,又虞仲支子封于上宫,其后有宫之奇。

宁仇栾暴　甘钭厉戎

【宁】徵音。齐郡,系出姬姓。卫武公子季亹食采于宁,世为卫卿,后有宁俞。

【仇】宫音。平阳郡,系出仇吾氏,夏诸侯。在商为九国,纣杀九侯,其后为仇氏。宋有仇牧,汉有仇香。

【栾】徵音。西河郡,系出姬姓。晋靖侯孙宾封于栾,世为晋卿,汉有栾布、栾巴。

【暴】商音。魏郡,系出姬姓。周公族有暴公,世为王卿,其后姓暴氏。汉有暴胜。

【甘】宫音。渤海郡。夏有甘国,其后甘盘为武丁师,又周惠王弟叔带封于甘,后以为氏。秦有甘罗,汉有甘延寿。

【钭】宫音。辽西郡,系出姜姓。田和篡齐,迁康公于海上,穴居野食,以钭为釜,支子别姓钭氏。

【厉】角音。南阳郡,系出姜姓,齐厉公之后。

【戎】羽音。江陵郡。周有戎国,姜姓。又山戎,允姓,其后俱为戎氏。唐有戎昱。

祖武符刘　景詹束龙

【祖】羽音。范阳郡,系出任姓。奚仲之后,别姓祖氏,祖己、祖伊皆商相。晋有祖逖。

【武】羽音。太原郡,系出姬姓。周平王少子有文在手,曰武,遂赐武氏,世为周卿。秦有武沙,唐有武士彠,武后之父也。

【符】羽音。琅琊郡,系出姬姓。鲁顷公孙,掌秦符玺,以官为氏。汉有符融。又氐王蒲洪改孙坚姓为苻氏,从草不从竹,号后秦,别一族也。

【刘】宫音。彭城郡,系出陶唐氏。尧后有刘累,至周为唐杜氏,杜隰仕晋为士师,又为士氏,士氏之后复姓刘氏。又周定王母弟刘康公之后亦为刘氏。汉高祖乃士会之后也。

【景】角音。晋阳郡,系出芈姓。楚公族斗、蒍、昭、屈、庄、景皆芈姓之后,有景差、景丑。

【詹】羽音。河间郡,系出姬氏。周宣王支子封于詹,世为周大夫。楚有詹尹。

【束】羽音。南阳郡,系出田氏。齐之疏族,自为疏氏。汉有疏广、广之裔又去足,别为束氏。晋有束皙。

【龙】羽音。武陵郡。黄帝孙颛叔安子董父,好畜龙,为豢龙氏,其后以官为氏。项羽将有龙且。

叶 幸 司 韶　郜 黎 蓟 薄

【叶】羽音。南阳郡,系出沈氏。楚沈诸梁封于叶,号叶公,子孙以邑为氏。

【幸】宫音。雁门郡,世系未详。晋有幸灵。

【司】宫音。顿丘郡,郑司臣之后。宋有司超,明有司韬。

【韶】宫音。太原郡,系出有虞氏。舜之乐官,后以为氏。

【郜】角音。京兆郡,系出姬姓。文王子封于郜,后以国为氏。

【黎】徵音。京兆郡,系出高阳氏。颛顼孙北正黎之后,封黎阳为黎国,子孙以国为氏。又有黎丘氏。

【蓟】宫音。内黄郡,系出有熊氏。周封黄帝之后于蓟,以国为氏。

【薄】宫音。雁门郡,系出古薄姑氏。汉有薄昭。

印 宿 白 怀　蒲 邰 从 鄂

【印】角音。冯翊郡,系出姬姓。郑穆公子印段之后为印氏。

【宿】徵音。东平郡,系出风姓。宿国之后,以国为氏。

【白】商音。南阳郡,系出嬴姓。秦文公子白之后有白乙丙,又楚平王孙胜封白公,后亦有白氏。唐有白居易。

【怀】角音。河内郡,无怀氏之后,又系出姬姓。唐叔虞初食采于怀,后封晋国,支子别姓怀氏。

【蒲】角音。河东郡,系出有虞氏。夏封舜后于州蒲,后以为氏。晋有蒲洪,别一族。

【邰】商音。平卢郡。尧封后稷于邰,其后居郊,号周,支子以旧国为氏。

【从】角音。东莞郡,系出姬姓。周平王封少子精英为枞侯,后为枞姓。汉有枞公,子孙改从氏。

【鄂】商音。武昌郡，系出姬姓。晋侯光居于鄂，号鄂侯，子孙以为氏。又楚子熊红僭称鄂王，后为鄂氏。

索 咸 籍 赖　卓 蔺 屠 蒙

【索】商音。武威郡，系出子姓，殷之公族也。世居于鲁。晋有索靖。

【咸】徵音。汝南郡，系出高阳氏。高辛臣咸邱黑之后，后姓咸氏。

【籍】商音。广平郡，系出伯氏。晋大夫世司典籍，以官为氏，后有籍谈。

【赖】宫音。颍川郡，系出姜姓。周有赖国，后以国为氏。汉有赖宣。

【卓】徵音。西河郡，系出芈姓。楚威王子公子卓后。汉有卓茂。

【蔺】商音。中山郡。晋韩厥支孙康封于蔺，以邑为氏。赵有蔺相如。

【屠】宫音。陈留郡，系出子姓。商有郮国，去邑为氏。晋公族，又有屠岸氏。

【蒙】宫音。安定郡，系出东蒙氏。秦有蒙恬，世为上将。

池 乔 阴 郁　胥 能 苍 双

【池】徵音。西河郡，系出嬴姓。秦司马公子池之后。汉有池仲鱼。

【乔】角音。梁郡，系出有熊氏。黄帝葬于桥山，支子守陵者为桥氏。汉有桥元，后去木为乔氏。唐有乔知之。

【阴】宫音。始兴郡，系出陶唐氏。唐有阴国，后以国为氏。汉有阴子方。

【郁】宫音。太原郡，系出郁林氏。楚伐郁林，迁其民于郢，为郁氏。

【胥】羽音。琅琊郡，系出华胥氏。晋有胥臣。

【能】商音。太原郡，系出熊姓。熊渠子挚封于夔，支子别姓能氏。

【苍】商音。武陵郡，系出史皇氏。苍帝之后，为苍氏。

【双】宫音。天水郡，颛顼之后。封于双蒙城，因以命氏。晋有双渐。

闻莘党翟　谭贡劳逢

【闻】宫音。吴兴郡,系出闻人氏,改闻氏。
【莘】徵音。天水郡,系出高辛氏。夏启封帝挚之后于有莘,后以国为氏。
【党】商音。冯翊郡。夏后氏之后,支裔世居党项,遂姓党氏。宋有党进。
【翟】徵音。南阳郡。黄帝之后,居于翟,以地为氏。汉有翟方进。
【谭】角音。齐郡,系出嬴姓。颛顼之后,周有谭国,后以为氏。
【贡】宫音。广平郡,系出端木氏。孔子弟子子贡之后,因财避乱,以祖字为氏。汉有贡禹。
【劳】徵音。武阳郡。东海劳山之民,至汉始通中国,赐姓劳氏。
【逢】宫音。谯郡,系出姜姓。炎帝孙逢伯陵始封于齐地,为逢国,武王灭之,以封太公。逢伯之后,以国为氏。汉有逢萌。

姬申扶堵　冉宰郦雍

【姬】徵音。南阳郡,系出有熊氏。黄帝之先姓公孙,生于姬水,故姓姬氏。高辛氏立,以长子后稷继黄帝之后,赐姓姬氏,为周始祖。汉有姬嘉,周公之裔,封周子南君。
【申】商音。琅琊郡,系出姜姓。太岳之后,封于申,以国为氏。周有申不害,汉有申公。
【扶】羽音。京兆郡,系出巫氏。汉有巫嘉,事高祖,善祷祀,所求辄应。帝以嘉能感召神,扶翊汉室,赐姓扶氏。
【堵】羽音。河东郡,系出姬姓。郑大夫堵叔师之后为堵氏,楚堵敖之后,亦有堵氏。

【冉】宫音。武陵郡，系出姬姓。文王少子郈季载封于郈，后世去邑为冉氏。孔子弟子冉雍、冉耕、冉有。

【宰】徵音。西河郡，系出姬姓。周大夫宰孔之后，以官为氏。孔子弟子宰我。

【郦】徵音。新蔡郡，系出姜姓。古国名，以国为氏。汉有郦食其，魏有郦道元。

【雍】角音。京兆郡，系出姞姓。雍纠仕郑。封于雍，以邑为氏。齐有雍巫，汉有雍齿，封什邡侯。

郤璩桑桂　濮牛寿通

【郤】商音。济阴郡，系出姬氏。晋大夫郤献子之后，本封于郤，遂以为氏，世为晋卿。汉有郤正。

【璩】羽音。豫章郡，世系未详。唐有璩瑗，宋有璩重。

【桑】商音。黎阳郡，系出嬴姓。秦大夫公孙枝，字子桑，后以字为氏。晋有桑钦。

【桂】羽音。天水郡，系出炅氏。汉城阳炅横四子避难，一子居幽州，改姓桂氏。

【濮】商音。鲁郡，系出陆终氏。陆终之后，别居于濮，姓濮氏。

【牛】宫音。陇西郡。宋微子之后，司冠牛父，以字为氏。晋有牛金，唐有牛僧孺。

【寿】商音。京兆郡，系出姬姓，吴王寿梦之后。汉有寿良。

【通】商音。西河郡，系出姬姓。巴国之裔，邑于通江，因姓通氏。又有辙氏，避汉武讳，改通氏。

边扈燕冀　郏浦尚农

【边】徵音。陇西郡，系出子姓。商有边国，周大夫边伯其后也。汉有边韶。

【扈】羽音。京兆郡，系出有扈氏。夏有扈国，以国为氏。吴有扈稽。

【燕】羽音。范阳郡，系出姬姓。召公封于燕，支子以国为氏。隋有燕荣。

【冀】角音。渤海郡。晋郤芮之子缺，封于冀，支子以邑为氏。

【郏】徵音。武陵郡，系出姬姓。文王定鼎于郏鄏，支子以地为氏。

【浦】羽音。京兆郡，晋大夫浦跻之后。

【尚】商音。上党郡，系出姜姓。周太师尚父之后，或又与向氏相混。秦有尚平，亦曰向平。

【农】宫音。雁门郡，系出神农氏。

温别庄晏　柴瞿阎充

【温】商音。平原郡，系出姬姓。周畿内诸侯，以国为氏。晋有温峤。

【别】徵音。京兆郡，世系未详。古诸侯卿大夫长子，世为宗子；宗子之次子，世为小宗；小宗之次子，为别子。不敢姓祖父之姓，而别为一族之祖，以祖父之官爵、字、谥别为姓氏，此别氏之义，但不知其所出耳。

【庄】徵音。天水郡，系出芈姓。楚庄王之裔，以谥为氏。后有庄周、庄蹻。齐有庄贾。

【晏】宫音。齐郡，系出陆终氏。陆终子晏安之后，高、国、鲍、晏四姓，世为齐卿。齐有晏婴。

【柴】商音。平阳郡，系出姜姓，齐之公族。孔子弟子有柴高，汉有柴武。

【瞿】徵音。松阳郡，系出子姓，商大夫瞿父之后。汉有瞿茂。

【阎】宫音。太原郡，系出姬姓。太伯曾孙仲奕，封于阎乡，以邑为氏。汉有阎未央。

【充】宫音。太原郡，系出姜姓。刘公族大夫充闾之后，齐有充虞，孟子弟子。

慕连茹习　宦艾鱼容

【慕】商音。敦煌郡，系出慕容氏。慕容庾公族有慕舆根，别为慕氏。

【连】徵音。上党郡，系出姜姓。齐公族大夫连称之后。

【茹】羽音。河内郡，系出如氏。魏有如姬，汉有如淳，其后加草为茹氏。南齐有茹法珍。

【习】商音。东阳郡，系出西梁氏。西梁州有筸、夑、筇、脂、宕、竺、挈、习，皆巴蜀之民也。又汉息夫躬之后改为习氏，晋有习凿齿。

【宦】商音。东阳郡，世系未详。

【艾】商音。天水郡，系出夏后氏。少康臣女艾之后，田齐有艾子，封于艾山，亦姓艾氏。

【鱼】羽音。雁门郡，系出子姓。宋司马子鱼之后，以王父字为氏。唐有鱼朝恩。

【容】宫音。敦煌郡，系出大容氏。黄帝臣容援作钟，容成作乐。

向古易慎　戈廖庾终

【向】宫音。河南郡，系出子姓。宋桓公后食采于向，遂为向氏。世为宋卿，向魋又称桓氏，弟向犁字牛，又别姓司马氏，孔子弟子。又姜姓之国，以国为氏，向本音尚，讹音作曩。

【古】羽音。新安郡，系出古皇氏之后。魏有古弼。

【易】徵音。太原郡，系出雍氏。齐嬖臣雍巫，字牙，食采于易，故称易牙，后为易氏。

【慎】徵音。天水郡，系出芊姓。白公胜之后，封于慎，为慎氏。鲁有慎子，宋孝宗讳慎，慎德秀改为真氏。

【戈】宫音。临海郡，系出古寒国。伯明子浞篡夏，封子豷于戈，后为戈氏。

【廖】角音。汝南郡，系出有熊氏。黄帝孙颛叔安之裔。飂，古廖字，后为廖氏。汉有廖化。

【庾】羽音。济阳郡。周有司仓、库、庾、廪之官,世司其职,遂以仓氏、库氏、廪氏、庾氏为姓。卫有庾公之斯,晋有庾亮。

【终】徵音。南阳郡,系出陆终氏。陆终支孙,别为终氏。汉有终军。

暨居衡步　都耿满弘

【暨】宫音。渤海郡,越大夫诸暨郢之后。汉有暨艳。
【居】宫音。渤海郡。晋公族大夫先且居之后,以祖字为氏。
【衡】商音。雁门郡,系出伊氏。伊尹为商阿衡,后以官为氏。
【步】羽音。平阳郡,系出郤氏。晋大夫郤步扬之后。吴有步骘。
【都】宫音。黎阳郡,系出公都氏。齐公族大夫公都子之后,为都氏。郑公子阏,字子都,后亦为都氏。
【耿】宫音。高阳郡,系出姬姓。周有耿国,晋赵氏灭耿以为邑,后以国为氏。汉有耿弇。
【满】宫音。河东郡。荆蛮有瞒氏,改为满氏。又王孙满之后,亦姓满氏,汉有满宠。
【弘】角音。太原郡。卫公族大夫弘演之后。汉有弘恭。

匡国文寇　广禄阙东

【匡】角音。晋阳郡,系出子姓。宋大夫封于匡,后以邑氏。汉有匡衡。
【国】角音。下邳郡,系出姬姓。郑公子子国之后,有国侨即郑子产,又齐有世卿国姓。
【文】商音。雁门郡,系出姜姓。许文叔之后,别为文氏。越有文种,魏有文聘,又宋初讳敬,改为文。文彦博、文天祥其先皆敬氏。
【寇】宫音。上谷郡,系出己姓。昆吾之后,封苏。苏公忿生为周司寇,支子以官为氏。汉有寇恂。

【广】宫音。丹阳郡，广成子之后。

【禄】徵音。扶风郡，系出子姓。纣子武庚字禄父，后以祖字为氏。

【阙】宫音。下邳郡，系出阙里氏。鲁有阙党邑，封于是者，以邑为氏。

【东】徵音。平阳郡，系出东户氏。虞有东不訾，为舜之友。

欧殳沃利　蔚越夔隆

【欧】商音。平阳郡，系出欧冶氏。欧冶、欧阳皆复姓，后又改为欧氏。

【殳】羽音。武功郡，系出有虞氏，舜臣殳斨之后。

【沃】羽音。太原郡，系出子姓，商王沃丁之后。

【利】徵音。河南郡，系出理姓。理利贞之后，以祖字为氏。

【蔚】羽音。琅琊郡，系出姬姓。郑公子翩封邑于蔚，后以邑为氏。

【越】羽音。晋阳郡，系出姒姓。夏后少康少子季余之后，封国于越，后以国为氏。

【夔】羽音。京兆郡，系出熊氏。楚熊挚之后，封于夔，子孙以国为氏。

【隆】宫音。南阳郡，世系未详。

师巩库聂　晁勾敖融

【师】徵音。太原郡，系出姬姓。周师尹之后，又晋公族大夫师服之后。

【巩】宫音。山阳郡，系出姬姓，周公族大夫巩伯之后。

【库】商音。括苍郡，系出库狄氏。宇文周有库狄部长，其后单姓库氏。

【聂】徵音。河东郡，系出姜姓。齐丁公封支子于聂城，为齐附庸，后以国为氏。韩有聂政。

【晁】角音。京兆郡，系出姬姓。晁，古作鼂，即朝暮之朝，周景王子朝之后为晁氏。汉有晁错。

【勾】宫音。平阳郡，系出勾芒氏。金天之后，勾芒主青阳，行春令，世为勾芒氏，后单姓勾氏，又改为句氏，又改为钩氏、绚氏、苟氏，又增为句龙氏，累世之后，不复别矣。

【敖】官音。谯郡。颛顼师大敖之后，又系出芈姓。楚国之君，凡被废弑不成君者曰敖，如若敖、堵敖之类，其后为敖氏。

【融】官音。南康郡，系出祝融氏之后。

冷訾辛阚　那简饶空

【冷】徵音。京兆郡，黄帝臣伶伦氏之后，改为冷氏。周有冷州鸠，汉有冷苞。

【訾】徵音。渤海郡，系出訾陬氏。帝喾妃家之后。汉有訾顺，宋有訾虎。

【辛】徵音。陇西郡，系出姒姓。夏大夫辛甲，周大夫辛有，汉将军辛武贤、辛庆忌。

【阚】商音。天水郡，系出姞姓。南燕伯之裔，封于阚，后以邑为氏。又齐卿阚止之后，吴有阚泽。

【那】商音。天水郡，系出子姓，权国之后。楚灭权，迁其族于那处之邑，后以邑为那氏，音那移之那。

【简】官音。范阳郡，系出狐氏。晋大夫续简伯狐鞠居之后，以谥为氏。汉有简雍。

【饶】羽音。平阳郡，系出妫姓。商均支子封于饶，后以国为氏。汉有饶威。

【空】官音。孔邱郡，系出古空侯氏，以国为氏。

曾毋沙乜　养鞠须丰

【曾】徵音。鲁郡，系出姒姓。夏少康少子成烈封于鄫，宋灭鄫，子孙去邑为曾氏。孔子弟子有曾参。

【毋】羽音。巨鹿郡，系出田氏。齐宣王封弟于毋邱，以绍胡公之祀，赐姓胡毋氏。其后分三姓：一曰胡毋，一曰毋丘，一曰毋氏。

【沙】宫音。汝南郡，系出沙随氏。古诸侯公爵，后失国为公沙氏。汉有公沙穆，子孙去公为沙氏。

【乜】宫音。晋昌郡，系出宇文部。后周赐部族费乜头为乜氏。乜，音灭，平声。

【养】羽音。山阳郡，系出姬姓，邓大夫养甥之后。楚有养由基。

【鞠】宫音。汝南郡，系出姬姓，燕公族大夫鞠武之后。

【须】羽音。渤海郡，系出密须氏。燕附庸国，以国为氏。魏有须贾。

【丰】宫音。松阳郡，系出姬姓。文王子封于酆，后去邑为氏。

巢关蒯相　查後荆红

【巢】商音。彭城郡，系出有巢氏。楚灭巢，后以国为氏。

【关】商音。陇西郡，系出龙氏。夏龙逢封于关，后为关氏。

【蒯】商音。襄阳郡，系出姬姓。卫庄公蒯聩之后，以字为氏。汉有蒯通。又古国名，以国为氏。

【相】商音。西河郡，系出子姓。夏后帝相所都为相里，商河亶甲都于相，宗族留居于相里，因氏。梁有相里金。

【查】商音。齐郡，系出姜姓。齐顷公子食采于楂，后以邑为氏。

【後】羽音。东海郡，系出太史氏。齐太史敫之女，为襄王后，后族赐姓後氏。後，古后字通用。齐有後胜，亦曰后胜。

【荆】角音。广陵郡，系出芈姓。楚国之后，以国为氏，避秦庄襄王讳，改荆氏。荆州，楚之分也。燕有荆轲。

【红】宫音。平昌郡，系出熊氏。楚子熊渠长子熊挚红为鄂王，其支子以父字为氏。

游竺权逯　盖益桓公

【游】宫音。广平郡，系出姬姓，郑穆公子游吉之后。又晋桓庄之族，亦为游氏。

【竺】徵音。东海郡，系出天竺，其人入中国称竺氏。汉有竺晏。

【权】徵音。天水郡。颛顼之后，封于权，楚武王灭之，子孙以国为氏。又楚若敖之孙斗缗尹权，其后以邑为氏。唐相权德舆。

【逯】徵音。广平郡，系出嬴姓。秦公族大夫封于逯，因以为氏。汉有逯石、逯并。

【盖】商音。汝南郡。齐盖邑大夫之后，以邑为氏，音盍，不音概。汉有盖宽饶。

【益】商音。冯翊郡，系出庭坚氏。皋陶子伯益支子以祖字为氏。

【桓】宫音。谯郡，系出子姓。宋桓公之后，以谥为氏。后有桓魋。汉有桓荣。

【公】羽音。括阳郡。诸公族如公西、公子、公孙、公叔之类，其后单以公字为氏。今不可考其世系矣。

万俟 司马　上官 欧阳

【万俟】商音。兰陵郡，系出拓跋氏。后魏献帝兄之后，赐姓万俟氏。

【司马】徵音。河内郡。周程伯休父为周司马，以官为氏。秦有司马卬，汉有司马迁。

【上官】羽音。天水郡，系出芈姓。楚公族大夫上官子兰之后。汉有上官桀。

【欧阳】宫音。渤海郡，系出姒姓。越王无疆孙，封于欧馀山之阳，后为欧阳氏。汉有欧阳生。

夏侯 诸葛　闻人 东方

【夏侯】商音。谯郡，系出姒姓。楚灭杞国，其后奔鲁，以杞侯为夏后氏之后，故以夏侯为姓。汉有夏侯婴，东汉曹腾，以甥夏侯氏之子为嗣，其孙是为魏武帝曹操。

【诸葛】徵音。琅琊郡，系出夏殷时葛国。汉葛丰始居琅琊，自称诸葛氏，以别同姓。后有诸葛瑾、诸葛亮。

【闻人】商音。河南郡。左丘明古之闻人也，后以为氏。又《风俗通》云：少正卯鲁之闻人，后以闻人为氏，未知孰是。

【东方】羽音。河南郡，系出太昊氏。其裔义仲，世掌东方青阳之令，后为东方氏。汉有东方朔。

赫连 皇甫 尉迟 公羊

【赫连】商音。渤海郡，系出南匈奴。右贤王刘豹子后刘勃勃据统万称夏帝，自制姓为赫连氏，曰："王者辉赫，与天相连。"

【皇甫】羽音。京兆郡。宋戴公之子名充石，字皇父，子孙以祖字为氏。又周卿士皇父，封于向，后亦称皇父氏，父与甫通。汉有皇甫嵩、皇甫规。

【尉迟】徵音。太原郡。魏孝文时赐尉迟部之后为氏。又系出万俟氏。宇文周氏功臣万俟兜，赐姓尉迟氏。后有尉迟迥，唐有尉迟恭。

【公羊】宫音。顿丘郡，系出姬姓。鲁公孙羊孺之后为公羊氏，子夏弟子有公羊高。

澹台 公冶 宗政 濮阳

【澹台】商音。太原郡。孔子弟子灭明，居澹台，为澹台氏。澹，音谈。

【公冶】宫音。鲁郡，系出姬姓。鲁大夫季公冶后以字为氏。孔子弟子公冶长。

【宗政】羽音。彭城郡，系出刘氏。汉刘德、楚元王后为宗正。子孙以官为宗正氏，后改作宗政。

【濮阳】商音。博陵郡，系出姬姓。郑公族大夫居濮水之阳，以濮阳为氏。吴有濮阳兴。

淳于 单于 太叔 申屠

【淳于】羽音。河内郡,系出姜姓。州国公寔失国,居于淳于,号淳于公。后为淳于氏。齐有淳于髡,汉有淳于意。

【单于】羽音。千乘郡,系出东戎。左贤王去卑单于降汉,为单于氏。单,音蟾。

【太叔】宫音。东平郡,系出姬姓。郑穆公孙太叔仪后,姓太叔氏。太,音泰。

【申屠】徵音。京兆郡,系出姜姓。四岳之后,始封于申,夏时申侯封弟于屠原,别姓申屠氏。商有申屠狄,汉有申屠嘉。

公孙 仲孙 轩辕 令狐

【公孙】宫音。高阳郡,系出公族。春秋之时,诸侯之子为公子,公子之子为公孙,公孙之诸子无封邑爵号者,皆以公孙为氏,如周、吴、越、楚及战国诸王子孙,以王子、王孙为氏之例。秦有公孙枝,汉有公孙渊。

【仲孙】商音。高阳郡,系出姬姓。鲁桓公子庆父之后,庆父曰共仲,称为孟孙氏,又号为仲孙氏。

【轩辕】商音。邰阳郡,系出有熊氏。黄帝子孙,别为轩辕氏。唐有轩辕弥明。

【令狐】商音。太原郡,系出姬姓。周文王子毕公高之后毕万仕晋,其孙魏犨子颗,别封令狐,其孙文子颉因为令狐氏。汉有令狐迈,唐有令狐楚。

钟离 宇文 长孙 慕容

【**钟离**】商音。会稽郡,系出伯氏。楚大夫伯宛封于钟离,后以邑为氏。汉有钟离意、钟离权。

【**宇文**】商音。越郡,系出鲜卑氏。东戎鲜卑单于葛乌菟得玉玺于河,国人称天为宇,谓天赐文玺也。其后宇文泰子孙,号后周,凡四世。

【**长孙**】商音。济阳郡,系出拓跋氏。后魏太武帝赐什翼犍长兄沙漠雄子嵩姓长孙氏。唐有长孙无忌。长,上声。

【**慕容**】羽音。敦煌郡,系出鲜卑氏,涉归单于自称慕容氏。谓"慕二仪之德,继三光之容"也。其子慕容廆自称燕王。凡四燕,十二主。后汉有慕容延钊。

司徒 司空 百家姓终

【**司徒**】徵音。赵郡。契为司徒,支子以官为氏。

【**司空**】徵音。顿丘郡。禹为司空,平水土,治山川,支子以官为氏。唐有司空曙。

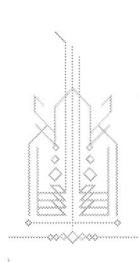

千字文

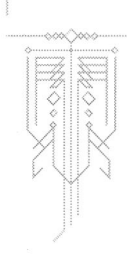

《千字文》的编者周兴嗣（？—521），字思纂，南朝梁陈郡项（今河南项城）人。世居姑孰（今安徽当涂）。十三岁游学京师，"博通纪传，善属文"，为时人所重。萧衍称帝建梁朝以后，擢员外散骑侍郎，为文学侍从之臣，受到武帝萧衍赏识。《梁书》说他曾奉敕作《王羲之书千字》。唐李绰《尚书故实》更有具体记载："梁武教诸王书，令殷铁石于大王（王羲之）书中拓一千字不重者，每字片纸，杂碎无序。武帝召兴嗣谓曰：'卿有才思，为我韵之。'兴嗣一夕编缀进上，鬓发皆白。"（见《太平广记》）《千字文》成书后，也广为流传。北宋汪洙《神童诗》有"古有千文义，须知后学通"之句。

《千字文》内容相当丰富。有对自然现象的描述；有记录上古帝王治理天下、个人修身、出仕理民、居家处世的规范；有描述朝廷君臣相得，诸侯、文武贤臣的建树，指明为官立朝之道；有表现功成名就、急流勇退之后的悠闲自得，也有对日常生活的描写。虽以儒家修身养性、齐家治国之道为中心思想，但涉及天文、地理、社会人生的知识较广，其中又不乏民族传统美德的弘扬，因此在当今社会仍有借鉴作用。

《千字文》将预先选定的固定文字，连缀成篇。句式严整，巧妙地转换用韵，容易记诵，实属难能可贵。而且构思精妙，文采斐然，把趣味性和知识性较好地结合起来了。

天地玄黄①，宇宙洪荒②。日月盈昃③，辰宿列张④。寒来暑往⑤，秋收冬藏。闰余成岁⑥，律吕调阳⑦。云腾致雨⑧，露结为霜⑨。金生丽水⑩，玉出昆冈⑪。剑号巨阙⑫，珠称夜光⑬。果珍李柰⑭，菜重芥姜⑮。海咸河淡，鳞潜羽翔⑯。

【注释】

① 天地玄黄：《易·乾》："天玄而地黄。"玄：深青色。

② 宇宙洪荒：天地开辟之初昏昧混沌。宇：上下四方。宙：古往今来。洪荒：混沌、蒙昧的状态。

③ 日月盈昃（zè）：日有出没，月有盈亏。盈：满月。昃：日西斜。

④ 辰宿（xiù）列张：日月星辰布满天空。辰：日、月、星的总称。宿：列星，众星。列张：排列分布。

⑤ 寒来暑往：一年四季寒热交替。

⑥ 闰余成岁：地球公转一周，比农历一年要多出十多天，每数年积所余之时日为闰而置闰月。《书·尧典》："以闰月定四时，成岁。"

⑦ 律吕调阳：古乐分十二律，阳六曰律，阴六曰吕，合称律吕。将十二律与十二月相对应，以乐律的变化同十二月令的变化相应。以乐律成乐，比喻阴阳变化的和谐。

⑧ 云腾致雨：水汽升腾为云，下而为雨。

⑨ 露结为霜：水汽结为露，露凝为霜。

⑩ 金生丽水：《韩非子·内储上·七术》："荆南之地，丽水之中生金。"一说丽水即云南丽江府境内金沙江。《旧唐书·贾耽传》："故泸南贡丽水之金。"

⑪ 昆冈：即昆仑山。传说产美玉。

⑫ 巨阙：春秋时吴王阖闾的宝剑名。《荀子·性恶》："阖闾之干将、莫邪、巨阙、辟闾，此皆古之良剑也。"

⑬ 夜光：夜光珠，又称明月珠，古代传说中的美珠，入夜有光。《搜神记》：隋侯见大蛇伤而救之，后蛇衔珠相报，夜间满室光明。

⑭ 李柰（nài）：皆果名，且有药效。《本草》云："李味酸甘，去痼热，调中。""柰味苦，补中焦，和脾。"故古人在果类中比较珍贵李、柰。

⑮ 芥姜：皆菜名，且有药效。《本草》云："芥味辛，除肾邪，利九窍，明耳目。""姜味辛，通神明，去臭气。"故古人在菜类中特重芥、姜。

⑯ 鳞潜羽翔：鱼游于水，鸟飞于天。鳞：指鱼类。潜：隐于水底。羽：指鸟类。

龙师火帝①，鸟官人皇②。始制文字③，乃服衣裳④。推位让国⑤，有虞陶唐⑥。吊民伐罪⑦，周发殷汤⑧。坐朝问道，垂拱平章⑨。爱育黎首，臣伏戎羌。遐迩一体，率宾归王⑩。鸣凤在竹⑪，白驹食场⑫。化被草木，赖及万方⑬。

【注释】

① 龙师火帝：龙师：即伏羲氏，相传他用龙给百官命名，故称龙师。火帝：即炎帝。

② 鸟官人皇：鸟官：即少昊氏。人皇：上古时代人们对天、地、人的尊崇而分别称有天皇、地皇、人皇。

③ 始制文字：传说上古结绳记事，黄帝的史官仓颉始造文字。

④ 乃服衣裳：传说黄帝命其臣胡曹始做衣裳。

⑤ 推位让国：传说尧舜时期，帝位的继承实行选贤举能的禅让制。位：指帝位。

⑥ 有虞陶唐：有虞指舜，陶唐指尧，都是传说中父系氏族社会后期的部落联盟领袖。陶唐氏，名放勋，史称唐尧。尧推选曾经设官掌管时令、制定历法、咨询四岳的舜摄政，死后，由舜继位。

⑦ 吊民伐罪：慰问受苦难的百姓，讨伐有残民害国之罪的独裁者。吊：慰问。伐：征讨。

⑧ 周发：指周武王姬发，他讨伐暴君商纣王，建周朝。殷汤：商的开国之君成汤，他讨伐暴君夏桀，建商朝。

⑨ 坐朝问道，垂拱平章：坐朝问道：坐在朝廷上，与大臣们议论政事和治世之道。垂拱平章：轻松愉快地议论是非功过。垂拱：垂衣拱手，表示轻易，不费力。《书·武成》："惇信明义，崇德报功，垂拱而天下治。"平章：辩明。颂殷商和周代政治的清明。

⑩ "爱育黎首"四句：谓有道的君王，爱护养育百姓，既使本土百姓顺从，又能使边疆民族百姓归服。黎首：平民百姓。伏：顺服。戎、羌：古代我国西部边疆地区两个少数民族，常用以泛指我国西部各少数民族。遐（xiá）：远，指边疆。迩（ěr）：近。率：都。宾：服从。

⑪ 鸣凤在竹：凤，传说中的鸟名，为百鸟之王。雄曰凤，雌曰凰。《演孔图》："凤非竹实不食。"凤凰在竹上鸣叫，是一种和平吉祥的象征。

⑫ 白驹食场：《诗·小雅·白驹》："皎皎白驹，食我场苗。"白驹：未成熟的白马。白马在圃，也是一种安定祥和的象征。

⑬ 化被草木，赖及万方：圣王的仁德遍及天下万事，如凤如驹，各得其所，至于草木亦受恩泽。化：教化。赖：利。

盖此身发，四大五常①。恭惟鞠养，岂敢毁伤②。女慕贞洁，男效才良③。知过必改④，得能莫忘⑤。罔谈彼短，靡恃己长⑥。信使可覆⑦，器欲难量⑧。墨悲丝染⑨，《诗》赞羔羊⑩。景行维贤⑪，克念作圣⑫。德建名立⑬，形端表正⑭。空谷传声，虚堂习听⑮。祸因恶积，福缘善庆⑯。尺璧非宝，寸阴是竞⑰。

【注释】

① 盖：发语词。身发：身躯头发。《孝经·开宗明义》："身体发肤，受之父母，不敢毁伤，孝之始也。"四大：佛家以地大、水大、火大、风大为四大，认为人身也由此"四大"而成，故以"四大"为人身的代称。五常：儒家以仁、义、礼、智、信为"五常"。

② 恭惟鞠养：指身体发肤、品性道德，都是父母所养育，怎敢毁伤。恭惟：自谦之词，犹言敬思、窃意。古文或信牍常用此为颂扬的起语。鞠养：抚养，养育。

③ 慕：爱慕，向往。贞洁：贞操纯洁。才良：才能卓越，品德高尚。

④ 过：过失，错误。

⑤ 得能莫忘：学到的知识才能，不荒疏遗忘。

⑥ 罔谈彼短，靡恃己长：不谈论别人的缺点，不矜夸自己的优点。罔：无，不要。靡：不，不要。

⑦ 信使可覆：对人许下的诺言，要经得起复验。信：诺言。覆：复验。

⑧ 器欲难量：气度要广大，难以计量。器：度量，气度。欲：要，应该。

⑨ 墨悲丝染：《墨子·所染》记墨子见染丝者而叹曰：染于苍则苍，染于黄则黄，故染不可不慎也。意谓环境对人的重要影响。

⑩ 诗赞羔羊：羔羊：《诗·召南》篇名。据《毛序》："召南之国，化文王之政，在位皆节俭正直，德如羔羊也。"故诗人赞美之。

⑪ 景行维贤：崇高的德行，唯有向圣贤看齐。景行：崇高的德行。维：唯，是，为。

⑫ 克念作圣：克制自己的私欲，才能成为圣人。圣：圣人，道德智慧极高的人。

⑬ 德建名立：道德修养很高，也就有了好名声。

⑭ 形端表正：身体挺直，衣饰端正。形：体，指个人素养。表：仪表，指外表。

⑮ 空谷传音，虚堂习听：山谷里发声，立即可以听到回声；在空阔

的大堂之中发声，立即又能听到这个声响。意思是人的思想道德修养高尚，他的名声就会像回声一样在社会中不断传播。谷：山谷。习听：回声引起重听。习：重复。

⑯ 祸因恶积，福缘善庆：《易·坤》："积善之家，必有余庆；积不善之家，必有余殃。"缘：由于。庆：福泽。

⑰ 尺璧非宝，寸阴是竞：大如径尺的玉，算不得宝贝，光阴一寸，比它还贵重。尺璧：直径一尺的圆玉。阴：光阴。是：作结构助词，使宾语提前，以示强调。竞：争。

　　资父事君，曰严与敬①。孝当竭力，忠则尽命②。临深履薄③，夙兴温凊④。似兰斯馨，如松之盛。川流不息，渊澄取映⑤。容止若思，言辞安定⑥。笃初诚美⑦，慎终宜令⑧。荣业所基⑨，籍甚无竟⑩。学优登仕⑪，摄职从政⑫。存以甘棠⑬，去而益咏⑭。

【注释】

① 资父事君，曰严与敬：《孝经·士》："资于事父以事君而敬同。"用事父之道事君，其严肃恭敬之心是相同的。资：供养。事：侍奉。

② 孝当竭力，忠则尽命：孝敬父母应当用尽全力，侍奉君主就要不惜性命。

③ 临深履薄：《诗·小雅·小旻》："战战兢兢，如临深渊，如履薄冰。"比喻极其小心谨慎。临：面对。履：践踏。

④ 夙（sù）兴温凊（qìng）：早起晚睡，冬天使父母温暖，夏天让父母凉爽。夙兴：夙兴夜寐之省文。夙：早。兴：起。凊：清凉。

⑤ "似兰斯馨"四句：《千字文释义》："言其德之馨香，则如兰；其德之茂盛，则如松；其德纯常而不间断，则如川之流而不止；其德洁清而无污染，则如渊之清而可照也。"

⑥ 容止若思，言辞安定：《礼记·曲礼》："毋不敬，俨若思，安定辞。"郑玄注："人之坐思，貌必俨然。"这两句说，形貌举动若有所思，出言发语态度沉着，言语稳重。

⑦ 笃初诚美：注重事情的开始固然是好的。笃：诚厚，引申作注重。诚：实在，的确。

⑧ 慎终宜令：慎重对待事情的结尾，更让人称颂。令：善。

⑨ 荣业所基：荣耀显达的根本。基：本，根本。

⑩ 籍甚：盛大。无竟：没有止境。

⑪ 学优登仕：《论语·子张》："子夏曰：仕而优则学，学而优则仕。"优：有余力。仕：做官。

⑫ 摄职从政：担任官职，参与治理政事。摄：掌握。

⑬ 存以甘棠：《诗·召南·甘棠》："蔽芾甘棠，勿剪勿伐，召伯所茇。"是说西周召公巡行南国，曾止于甘棠树下，后人思其德，留存其树，不忍砍伐。甘棠：果树，即杜梨。

⑭ 去而益咏：召公虽已离开南国，百姓对他愈加思慕而歌颂他。意谓品德高尚的人做了官，都要像召公那样尽心报国爱民，百姓会永远尊敬他。

　　乐殊贵贱，礼别尊卑①。上和下睦②，夫唱妇随③。外受傅训，入奉母仪④。诸姑伯叔⑤，犹子比儿⑥。孔怀兄弟⑦，同气连枝⑧。交友投分⑨，切磨箴规⑩。仁慈隐恻，造次弗离⑪。节义廉退，颠沛匪亏⑫。性静情逸⑬，心动神疲⑭。守真志满⑮，逐物意移⑯。坚持雅操⑰，好爵自縻⑱。

【注释】

① 乐殊贵贱，礼别尊卑：古代乐器的形制和使用有贵贱等级之别，礼的功用是分别贵贱、尊卑的界线。殊：区分。

② 上和下睦。上：指父兄尊长；下：指子侄晚辈。
③ 夫唱妇随：旧时男尊女卑，妻唯夫命是从。也比喻夫妇相互和好。
④ 外受傅训，入奉母仪：出门接受师傅的教诲训导，在家遵从母亲的教导。傅：师。母仪：母亲的教导。
⑤ 诸姑伯叔：对待父亲的兄弟姐妹，要像对待自己的父亲一样。
⑥ 犹子比儿：对待兄弟的儿子就同自己的儿子一样。犹子：兄弟的儿子，侄儿。
⑦ 孔怀兄弟：《诗·小雅·常棣》："死丧之威，兄弟孔怀。"意谓死丧之事，一般人只觉可怕，兄弟却是相互关怀。孔：甚。怀：念。
⑧ 同气连枝：兄弟彼此气息相通，好像一棵树上分出的枝条。
⑨ 投分：感情相投合。投：合得来。分：情分。
⑩ 切磨：古时骨器加工称切，玉类加工称琢，象牙加工称磋，石类加工称磨。后用切磋琢磨比喻在道德学问上相互间研究探讨。箴规：在道德修养上相互批评警告，相互勉励。
⑪ 仁慈隐恻，造次弗离：仁爱同情之心，即使在急迫匆忙之际，也不可丢弃。慈：爱。隐恻：对受难者的同情怜悯之心。造次：仓促，匆忙。弗：不。
⑫ 节义廉退，颠沛匪亏：节操仁义、廉洁谦逊的美德，即使在颠沛流离之际，也不亏缺。匪：通"非"。以上四句本于《论语·里仁》："君子无终食之间违仁，造次必于是，颠沛必于是。"
⑬ 性静情逸：心性恬静淡泊，情绪才能安逸。
⑭ 心动神疲：胡思乱想，精神就会疲劳，古人以为"心之官则思"。
⑮ 守真志满：保持纯朴天性，无分外之想，心里就会觉得充实。守真：保持天性。
⑯ 逐物意移：追求外物之欲，就会使善良的本性转移。
⑰ 雅操：高尚正直的节操。雅：正。
⑱ 好爵自縻（mí）：高官厚禄自然会临到。爵：官位。縻：系住，绊住，引申为"临到"。

都邑华夏①，东西二京②。背邙面洛③，浮渭据泾④。宫殿盘郁⑤，楼观飞惊⑥。图写禽兽，画彩仙灵⑦。丙舍旁启⑧，甲帐对楹⑨。肆筵设席，鼓瑟吹笙⑩。升阶纳陛⑪，弁转疑星⑫。右通广内，左达承明⑬。既集坟典⑭，亦聚群英。杜稿钟隶⑮，漆书壁经⑯。府罗将相⑰，路侠槐卿⑱。户封八县⑲，家给千兵⑳。高冠陪辇，驱毂振缨㉑。世禄侈富㉒，车驾肥轻㉓。策功茂实㉔，勒碑刻铭㉕。

【注释】

① 都邑华夏：中原的都城。华夏：初指我国中原地区，后指全国。

② 东西二京：东京指洛阳，西京指长安。

③ 背邙面洛：洛阳北有邙山，南面是洛水。

④ 浮渭据泾：长安在渭水与泾水交汇处。浮：泛，流荡。

⑤ 盘郁：曲折盛美。

⑥ 楼观飞惊：宫阙、楼阁、檐脊设计建筑得形象生动，奇险惊人。观：宫阙，宫门前两边的望楼。

⑦ 写：画，描绘。彩：彩色图画。禽兽、仙灵指建筑物墙壁上画的图案。

⑧ 丙舍：宫室两旁的房屋。启：开。

⑨ 甲帐对楹：装饰有珍宝的帐子对着厅堂前柱。《汉武故事》："上以玻璃珠玉、明月夜光，杂错天下珍宝为甲帐，次为乙帐。"楹：厅堂的前柱。

⑩ 肆：陈列。筵：筵席。鼓：弹奏。

⑪ 升：登上。纳：进入。陛：宫殿的台阶。

⑫ 弁转疑星：官员们的帽子转动，彩玉闪烁，犹如群星。形容朝官众多而整肃。弁：古代一种帽子，饰以五彩玉石。

⑬ 广内：长安宫殿名，在大殿右边，是宫廷藏书处。承明：长安宫殿名，在大殿左边，是朝廷著述场所。《三辅黄图》："建章宫中，西侧

广内殿。"未央宫有承明殿。

⑭ 坟典：即三坟、五典，传为三皇五帝时书籍，载三皇五帝之事。此泛指宫廷所藏典籍的丰富。

⑮ 杜稿钟隶：东汉人杜度善草书，三国魏人钟繇善隶书。杜稿：泛指草书。

⑯ 漆书：古代纸和笔未发明以前，文章以漆写竹简上。晋代出土的汲冢竹简，都是漆写的，此指汲冢书及其他古老而珍贵的典籍。壁经：据载，秦始皇焚书，孔子八世孙孔鲋藏书于墙内。至西汉鲁恭王扩大宫室，坏孔子旧宅，发现了《礼记》《尚书》《春秋》《论语》《孝经》等书，被称作壁经、壁中书。这些书都是战国时写本。这里泛指古文字典籍。

⑰ 府罗将相：宫廷中分两排罗列而站满了将相。

⑱ 路侠槐卿：夹道而立的都是公卿。路侠：夹道。侠，通"夹"。槐卿：周代，朝廷上三公的位置面对三株槐树，所以三公又称三槐，槐卿即公卿。

⑲ 户封八县：指皇帝赐给皇族或功臣八县户口食邑。

⑳ 家给千兵：指皇帝赐给大官僚上千兵丁的护卫侍从。

㉑ 高冠陪辇，驱毂振缨：头戴高冠陪侍皇帝的车驾，或者驱车出行，马饰振扬。形容公卿的威风。缨：马辔套带上装饰的红绒球。

㉒ 世禄：承袭父祖的爵禄。侈富：显扬富贵。

㉓ 车驾肥轻：肥马轻车。

㉔ 策：记在簿册上。茂：同"懋"，表彰，勉励。实：真实的事迹。

㉕ 勒：刻。铭：称颂功德或提示鉴戒的一种文体。

磻溪伊尹，佐时阿衡①。奄宅曲阜，微旦孰营②？桓公匡合，济弱扶倾③。绮回汉惠④，说感武丁⑤。俊乂密勿⑥，多士寔宁⑦。晋楚更霸⑧，赵魏困横⑨。假途灭虢⑩，践土会盟⑪。何遵约法⑫，韩弊烦刑⑬。起翦颇牧⑭，用军最精。宣威沙漠⑮，驰誉丹青⑯。九州禹迹⑰，百郡秦并⑱。岳宗泰岱⑲，禅主云亭⑳。雁门紫塞㉑，鸡田赤城㉒。昆池碣石㉓，巨野洞庭㉔。旷远绵邈，岩岫杳冥㉕。

【注释】

① 磻（pán）溪：在今陕西宝鸡市东南，传为姜子牙垂钓处。此借指姜子牙。姜子牙遇周文王，拜为太师，辅佐周武王伐纣有功，封于齐，为齐国始祖。伊尹：商汤王之臣，名挚，因佐汤伐桀有功，被尊为阿衡，相当于宰相。

② 奄宅曲阜，微旦孰营：曲阜之地，没有周公，谁能治理得了呢？奄宅：奄国的地方，即曲阜之地。奄：殷商时国名。微：没有。旦：周公姓姬名旦。周成王即位时，奄随同武庚和东夷反抗周朝，被周公平息，后周公封鲁，地在奄国旧地曲阜。

③ 桓公匡合：春秋时齐桓公在管仲的辅佐下，九合诸侯，使诸侯都服从周天子，一匡天下，有济弱扶倾之功。匡：匡正，扶正。

④ 绮回汉惠：秦时有绮里季、东园公、夏黄公、甪里先生，避乱于商山，被称为商山四皓，是当时著名贤人。汉高祖招之不至。后高祖欲废太子刘盈，立赵王如意。张良用计请四皓与太子刘盈游。高祖得知，知太子刘盈"羽翼已成，难动矣"，从而保住了刘盈的太子地位，后继位，谥惠帝。回：挽回。

⑤ 说（yuè）感武丁：传说商王武丁梦得圣人。乃求之于天下，于傅岩之野，得版筑奴隶傅说，貌与梦符，乃举为相，商朝得以中兴。

⑥ 俊乂（yì）：俊杰。千人之英曰俊，百人之英曰乂。密勿：勤勉努力。

⑦ 多士寔宁：《诗·大雅·文王》："济济多士，文王以宁。"依赖众多德才兼备之人，天下得以安宁。

⑧ 晋楚更霸：楚庄王继晋文公为春秋时诸侯之长。此泛指齐桓、晋文、楚庄、秦穆、宋襄等相继称霸。

⑨ 赵魏困横：合纵是战国时苏秦倡导的联合六国以攻秦的策略，而张仪分化六国，劝其连横以事秦，赵、魏等国终因连横而为秦所灭。

⑩ 假途灭虢：晋国欲伐虢，需经过虞国，便以垂棘之玉、屈产之马买通虞君，借虞国之道，灭掉了虢国，班师回来，途中顺便将虞国一并灭掉。假：借。

⑪ 践土会盟：春秋时晋文公约集诸侯会盟于郑国的践土（今河南原阳西南），约定共同效命于周王朝，被周王朝策命为诸侯之长。

⑫ 何遵约法：汉丞相萧何作律九章，实遵奉刘邦约法三章而制定。

⑬ 韩弊烦刑：韩非好刑名之学，反而被苛法所定罪，死于秦狱。弊：通"敝"，困顿。烦：苛细。

⑭ 起翦颇牧：战国时秦之白起、王翦，赵之廉颇、李牧，为当时著名的四位将领。

⑮ 宣威：威名远扬。沙漠：指边疆少数民族地区。

⑯ 驰誉：声名远播。丹青：以绘画常用的颜色代指绘画。此指封建王朝表彰功臣，建筑高阁，绘功臣图像于其上；也指史册。

⑰ 九州：禹治水分天下为冀、兖、青、徐、扬、荆、豫、梁、雍九州。禹迹：大禹治水所到之处，实指全国。

⑱ 百郡秦并：指秦始皇吞并天下，统一全国。

⑲ 岳宗泰岱：五岳之中尊泰山为首。宗：主。泰岱：泰山，一名岱宗。

⑳ 禅（shàn）主云亭：据《史记·封禅书》，自三皇五帝到秦汉皇帝，统一天下，社会安定，必到泰山举行封禅大典，以向天地报告成功。到泰山顶祭天叫封，到云云山或亭亭山祭地叫禅。云云山、亭亭山都为泰山南侧支脉。

㉑ 雁门：山名，在山西代县西北，有关隘，即雁门关。紫塞：长城。晋崔豹《古今注·都邑》："秦筑长城，土色皆紫，汉塞亦然，故称紫塞焉。"

㉒ 鸡田：驿站名，在今宁夏回族自治区灵武县。赤城：东晋时筑，

在今河北境内。南北朝时,魏筑长城在赤城至五原,两千余里。
㉓ 昆池:昆明池,即云南滇池。碣石:在河北秦皇岛沿海。
㉔ 巨野:泽名,在今山东巨野县,久已干涸。洞庭:湖名,在湖南省。
㉕ 岩岫:山洞石窟。杳冥:幽暗。

治本于农①,务兹稼穑②。俶载南亩③,我艺黍稷④。税熟贡新⑤,劝赏黜陟⑥。孟轲敦素⑦,史鱼秉直⑧。庶几中庸⑨,劳谦谨敕⑩。聆音察理⑪,鉴貌辨色⑫。贻厥嘉猷⑬,勉其祗植⑭。省躬讥诫⑮,宠增抗极⑯。殆辱近耻⑰,林皋幸即⑱。两疏见机⑲,解组谁逼⑳。

【注释】

① 治本于农:治理国家农业为根本,这是中国传统的政治经济观点。
② 务:致力于。兹:此,指后面的稼穑,即农业。稼穑:指农事。种植五谷曰稼,收获曰穑。
③ 俶(chù)载南亩:开始耕种田地。《诗·周颂·载芟》:"有略其耜,俶载南亩。"俶:开始。载:事,从事。此指耕种。南亩:泛指农田。
④ 艺:种植。黍:黄米,有黏性。稷:无黏性的黄米。
⑤ 税熟贡新:庄稼成熟后要向国家缴纳税,向朝廷进贡新的收获品。
⑥ 劝赏黜陟:有错误的加以劝戒,有功的予以奖赏,玩忽职守的贬官,忠于职守有显著政绩的提升。
⑦ 孟轲:即孟子,战国鲁人,儒学大师。敦素:强调内在素质的修养。敦:勉力,崇尚。
⑧ 史鱼:春秋时卫大夫,以正直敢谏著名。灵公弃贤人蘧伯玉不用,而任用佞人弥子瑕,史鱼以死谏争。秉:操持。直:正直。《荀子·修身》:"是谓是,非谓非,曰直。"

⑨ 庶几：差不多，近于。中庸：儒学不偏不倚、调和求同的思想。
⑩ 劳谦谨敕：勤劳、谦虚、谨慎、严谨四种品行。
⑪ 聆（líng）音察理：听人言语，体察是否合情理。聆：听。音：言语，言论。
⑫ 鉴貌辨色：观察人的面部表情和脸色，分析其情绪。
⑬ 贻厥嘉猷（yóu）：留下深刻而有远见的谋略。贻：遗留。厥：代词，那个。嘉：美好的。猷：谋略，策略。
⑭ 勉其祗（zhī）植：勉励其谨慎从事而建立功勋。祗：敬。植：立。
⑮ 省躬讥诫：自我反省，检查与警戒自己。
⑯ 宠增抗极：要防止增加过度的荣宠。抗极：达到极限。
⑰ 殆辱近耻：祸患即将到来。殆：近。辱、耻，指位高宠厚招来的祸患。
⑱ 林皋：林木山水之地，指退隐。
⑲ 两疏：指疏广、疏受叔侄二人。机：事物发生之前的微妙迹象。
⑳ 解组：解下印绶，表示辞官。组：系官印的带子。谁逼：有谁逼迫他们辞官。

索居闲处，沉默寂寥①。求古寻论，散虑逍遥②。欣奏累遣③，戚谢欢招④。渠荷的历⑤，园莽抽条⑥。枇杷晚翠⑦，梧桐蚤凋。陈根委翳⑧，落叶飘摇⑨。游鹍独运⑩，凌摩绛霄⑪。耽读玩市⑫，寓目囊箱⑬。易𫐐攸畏，属耳垣墙⑭。

【注释】

① 索居闲处，沉默寂寥：孤身独居，悠闲自过，安然寂寞，远离尘世。索居：孤独地生活。
② 求古寻论，散虑逍遥：阅读古人书籍，访求古迹，寻找古人的高谈宏论，排解忧虑杂念，逍遥自在。
③ 欣奏累遣：高兴的事占据心灵，烦恼自可排除。奏：进。累：牵挂，

烦恼。
④ 戚谢欢招：忧愁杜绝，欢乐自会到来。戚：愁烦，忧愁。谢：下去，杜绝。招：招致，招来。
⑤ 渠：水渠。的历：光彩斑斓，色彩鲜艳。
⑥ 莽：密生的草，此泛指花草竹木。抽条：发芽生枝。
⑦ 枇杷：果树名。常绿乔木，生长在南方温暖地带。晚翠：指秋冬呈翠绿色。
⑧ 陈根：多年的树根。委翳：枯萎，枯死。
⑨ 摇：随风飘动。
⑩ 游鹍：遨游天空的大鹏鸟。独运：独自飞翔。
⑪ 凌摩：迫近，接近。绛（jiàng）霄：天空极高处。
⑫ 耽读：沉溺于读书。玩市：游览市场。《后汉书·王充传》记载王充刻苦读书，常游览市场，见卖书即就地阅读。
⑬ 寓目：目光所在。囊箱：指书袋和书箱。
⑭ 易輶（yóu）攸畏，属耳垣墙：不要轻易发表意见，小心有人把耳朵贴到墙上偷听。《诗·小雅·小弁》："君子无易由言，耳属于垣。"易：轻易。輶：轻车。攸：所。属：连，紧挨。

　　具膳餐饭①，适口充肠②。饱饫烹宰③，饥厌糟糠④。亲戚故旧⑤，老少异粮⑥。妾御绩纺⑦，侍巾帷房⑧。纨扇圆洁⑨，银烛炜煌⑩。昼眠夕寐⑪，蓝笋象床⑫。弦歌酒宴⑬，接杯举觞⑭。矫手顿足⑮，悦豫且康⑯。嫡后嗣续⑰，祭祀烝尝⑱。稽颡再拜⑲，悚惧恐惶⑳。笺牒简要㉑，顾答审详㉒。骸垢想浴㉓，执热愿凉㉔。驴骡犊特㉕，骇跃超骧。

【注释】

① 具膳（shàn）餐饭：备办饭食。膳：饭食。

② 充肠：吃饱。

③ 饱饫（yù）烹宰：吃得过饱肯定不想宰牛又烹羊。

④ 饥厌糟糠：糟糠粗食，饥者也会满意地吃饱。厌：同"餍"，饱，满足。

⑤ 故旧：老朋友。

⑥ 老少异粮：不同年龄的人，用不同的食物来招待。

⑦ 妾御绩纺：婢妾从事纺织工作。御：从事。

⑧ 侍巾：为丈夫准备服装。帷房：卧室。

⑨ 纨扇圆絜（jié）：细绢制作的团扇像满月一样又圆又白。纨扇：细绢做的团扇。圆：以圆为度。絜：同"洁"，洁白。

⑩ 银烛：明亮的灯光。炜（wěi）煌：鲜明光亮的样子。

⑪ 昼眠：午间假寐。夕寐：晚上睡觉。

⑫ 蓝笋：青竹编的席子。笋：竹席。《书·顾命》："西夹南向，敷重笋席。"象床：用象牙雕饰的床。

⑬ 弦：琴瑟之类弦乐。

⑭ 觞（shāng）：古时酒杯。

⑮ 矫手：举手，指宴客者高举酒杯敬酒。顿足：跺脚，指闻弦歌者以足点地击节。

⑯ 悦豫：欢乐愉快。康：安康。

⑰ 嫡后嗣续：正妻生子接续父祖之业。嫡：宗法社会称正妻及其所生长子为嫡。后：后代，指子女。嗣：继承。

⑱ 烝尝：祭祀名，冬日烝，夏日尝。此指四季祭祀。

⑲ 稽颡（qǐ sǎng）：叩头以额着地。再：二，反复。

⑳ 悚（sǒng）惧恐惶：指祀拜时的紧张畏敬心理。悚：害怕。

㉑ 笺牒简要：写在纸面上的笺奏书札要简明扼要。笺牒：上奏的公文、书札。

㉒ 顾答审详：回答要周密详细。

㉓ 骸（hái）垢想浴：身体脏了要洗澡。骸：身体。
㉔ 执热愿凉：捧着热东西就希望有风把它吹凉。《诗·大雅·桑柔》："谁能执热，逝不以濯。"
㉕ 驴骡犊特，骇跃超骧：牲畜受惊骇而跳跃奔腾。骡：马与驴杂交所生。犊：小牛。特：公牛，或泛指牛。

诛斩贼盗①，捕获叛亡②。布射僚丸③，嵇琴阮啸④。恬笔伦纸⑤，钧巧任钓⑥。释纷利俗⑦，并皆佳妙。毛施淑姿⑧，工颦妍笑⑨。年矢每催⑩，曦晖朗曜⑪。璇玑悬斡⑫，晦魄环照⑬。指薪修祜⑭，永绥吉劭⑮。矩步引领⑯，俯仰廊庙⑰。束带矜庄⑱，徘徊瞻眺⑲。孤陋寡闻⑳，愚蒙等诮㉑。谓语助者，焉哉乎也㉒。

【注释】

① 诛：杀。
② 叛：背叛的人。亡：逃匿。
③ 布射：三国时吕布善射。僚丸：楚人宜僚善弄弹丸，常八个在空一个在手。曾在楚宋交战时，于军前弄丸，解决了战斗。
④ 嵇琴：三国魏人嵇康，字叔夜，官中散大夫，善弹琴，后为司马昭杀害，临刑索琴弹奏了一曲《广陵散》。阮啸：三国魏人阮籍，字嗣宗，官步兵校尉。受司马昭迫害，常以吟啸抒发胸中郁闷。
⑤ 恬笔：据传毛笔是秦将蒙恬发明的。伦纸：东汉人蔡伦改进造纸术，以树皮、麻头、破布为原料。
⑥ 钧巧：三国马钧博通技艺，为著名巧匠。任钓：《庄子·外物》载，战国时，任国公子用五十头牛做饵，钓了一条大鱼。
⑦ 释纷利俗：排解纠纷，有利于人民的生活。
⑧ 毛：毛嫱。施：西施。均为春秋时代越国美女。淑姿：美好的姿容。
⑨ 工颦（pín）妍笑：愁戚和欢笑姿态均美。工：善。颦：皱眉愁

戚。妍：美好。据说西施心痛，常皱眉捧心，当时人以为好看。

⑩ 年矢：比喻时间过得很快，犹光阴似箭。矢：箭。

⑪ 曦晖：太阳的光辉。曦：晨曦，早晨的阳光。晖：夕晖，夕阳的光辉。曜：照耀。

⑫ 璇玑（xuán jī）：指北斗星。古时称北斗星的斗勺四星为璇玑，斗柄三星称玉衡。斡（wò）：旋转。

⑬ 晦魄环照：月末月虽无光，但月体仍在，到下月又会发光，循环相照。阴历月末一天叫晦。魄：背面而无光的月亮。

⑭ 指薪修祜（hù）：《庄子·养生主》："指穷于为薪，火传也，不知其尽也。"成语有"薪尽火传"，比喻修身致福。指：借作"脂"。祜：福。

⑮ 永绥吉劭（shào）：永久平安吉祥。劭：美好。

⑯ 矩步：迈步合于规矩，即迈方步。引领：伸直脖颈。

⑰ 俯仰廊庙：低头抬头如在朝廷一样端齐。廊庙：庙堂，常指朝廷。

⑱ 束带：系上腰带。比喻穿着整齐。矜庄：端正庄重。

⑲ 徘徊：往返走动。瞻眺（zhān tiào）：举头望远。

⑳ 孤陋寡闻：学识浅薄，见闻不广。《礼记·学记》："独学而无友，则孤陋而寡闻。"

㉑ 等诮（qiào）：一样受讥讽。

㉒ 谓语助者，焉哉乎也：称作语助词的，有焉、哉、乎、也等。

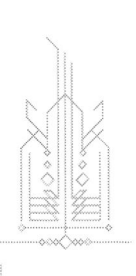

弟子规

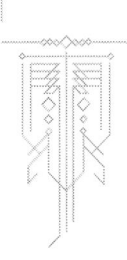

《弟子规》为清朝康熙年间的秀才李毓秀所作。李毓秀（1647—1729），字子潜，号采三，山西绛州人。李毓秀毕生以教书为业，他根据传统对童蒙的要求，并结合自己的教书实践，写成了《训蒙文》，后来经过贾有仁的修订，更名为《弟子规》。全书以《论语·学而》中的"弟子入则孝，出则弟，谨而信，泛爱众，而亲仁，行有余力，则以学文"开篇，并围绕此义，用三字一句、两句一韵编纂而成。《弟子规》具体提出了为人子弟出门在外待人接物、求学读书时所应有的礼仪与规范，尤其讲究家庭教育与生活教育。全书浅显易懂，押韵顺口，内容十分符合封建伦理，在当时极有影响，尤其是在清代后期成为广为流传的童蒙读物。

　　《老学究语》为清人李惺所著。李惺（1785—1863），字伯子，号西沤，重庆垫江人，清代教育家。嘉庆二十二年（1817）三甲进士，选翰林院庶吉士，入庶常馆、散馆。道光十五年（1835）辞官归蜀，掌管成都锦江书院达二十年之久。其著述甚丰，后人辑为《西沤全集》和《西沤外集》。《老学究语》是一本阐述人情世故的通俗读物，由四言、六言和杂言三个部分组成。全书以"礼"发端，围绕世俗生活的方方面面展开探究，奉劝世人洁身自好、乐善好施等。作者用浅易的语言阐述了许多人生哲理，切实验证了"世事洞明皆学问，人情练达即文章"的真谛。时至今日，《老学究语》对我们的工作、学习和生活还是相当有益的。

一 总叙

《弟子规》,圣人训:首孝弟,次谨信,
泛爱众,而亲仁。有余力,则学文①。

【注释】
① 《论语·学而》:"弟子入则孝,出则弟,谨而信,泛爱众,而亲仁。行有余力,则以学文。"弟:同"悌"。文:文献,典籍。

【译文】
《弟子规》这本书是圣人对学生的训导。首要的是孝顺父母,尊敬兄长,其次对自己要严谨,对别人要诚实守信,要博爱他人,亲近有德行的人。如果做好了这些事还有余力的话,就要去学习文献典籍。

二 入则孝,出则弟

父母呼,应勿缓;父母命,行勿懒①。

【注释】
① 《礼记·玉藻》:"父母呼,唯而不诺,手执业则投之,食在口则吐之,走而不趋。"

【译文】
父母呼唤的时候,要立刻答应,不要拖拉。父母有事情交代的时候,应当马上去执行,不要偷懒拖延。

父母教,须敬听;父母责,须顺承①。

【注释】

① 顺承：顺从地接受。承，承受，接受。

【译文】

父母的教诲，要恭敬地聆听。父母的责备，要顺从地接受。

冬则温，夏则凊；晨则省，昏则定①。

【注释】

① 《礼记·曲礼》："凡为人子之礼，冬温而夏凊，昏定而晨省。"方悫注："冬则温之以御其寒，夏则凊之以避其暑，昏则定之以奠其居，晨则省之以问其安也。"相传东汉安陆人黄香，字文强，九岁丧母，对父亲孝敬备至，冬天为父亲暖被窝，夏天为父亲扇枕席，被元朝郭居敬列为二十四孝之一。凊（qìng），凉。

【译文】

照料父母就要做到冬天的时候使他们感到温暖，夏天的时候使他们感到凉爽。早上起床后要向父母请安，晚上睡觉前要先照料父母安眠。

出必告，反必面；居有常，业无变①。

【注释】

① 《礼记·曲礼》："夫为人子者，出必告，反必面，所游必有常，所习必有业。"吕大临注："出必告，反必面，受命于亲而不敢专也。所游必有常，所习必有业，体亲之爱而不敢贻其忧也。"反：同"返"。

【译文】

每次外出的时候都要告诉父母，每次回来的时候首先要面见父母。平时的生活起居要正常有规律，从事的职业不要随意改变。

事虽小,勿擅为①;苟擅为,子道亏。

【注释】
① 陈寿《三国志·蜀书·先主传》:"勿以恶小而为之,勿以善小而不为。"

【译文】
不要因为是小事就不禀告父母而擅自做主,这样做有损于为人子女的本分。

物虽小,勿私藏;苟私藏,亲心伤①。

【注释】
① 《礼记·曲礼》:"父母存,不许友以死,不有私财。"又《礼记·坊记》:"父母在,不敢有其身,不敢私其财,示民有上下也。"

【译文】
不要因为东西小而私自隐藏,如果私藏,品德就有缺失,父母知道了一定很伤心。

亲所好①,力为具②;亲所恶③,谨为去。

【注释】
① 好(hào):喜好,爱好。
② 具:具备,准备。
③ 恶(wù):厌恶。

【译文】
父母所喜好的东西,要竭尽全力地去备有;父母所厌恶的事物,要小心谨慎地去除。

身有伤①,贻亲忧②;德有伤,贻亲羞。

【注释】

① 身有伤:《孝经·开宗明义》:"身体发肤,受之父母,不敢毁伤,孝之始也。"
② 贻:遗留。

【译文】

如果我们的身体受到伤害,就会使父母为我们担忧;如果品德上有所缺失,就会使父母蒙受耻辱。

亲爱我,孝何难;亲憎我,孝方贤。

【译文】

父母疼爱我的时候,我孝顺父母并不是一件难事。父母不爱我的时候,我还能照样地孝顺父母,这才是真正的孝顺。

亲有过,谏使更;怡吾色,柔吾声①。

【注释】

①《礼记·内则》:"父母有过,下气怡色,柔声以谏。"又《论语·为政》:"子夏问孝。子曰:'色难。'"

【译文】

父母有过错的时候,应当小心地劝导他们改过向善。规劝的时候要和颜悦色,语气柔缓。

谏不入,悦复谏①;号泣随②,挞无怨③。

【注释】

① 《礼记·内则》:"谏若不入,起敬起孝,说则复谏。""说"同"悦"。
② 《礼记·曲礼》:"子之事亲也,三谏而不听,则号泣而随之。"
③ 《论语·里仁》:"子曰:'事父母几谏。见志不从,又敬不违,劳而不怨。'"挞:用鞭子、棍子等打人。

【译文】

如果父母不听规劝,则要等到父母心情好转时再反复规劝,甚至哭泣恳求,即使因此而遭到父母的鞭打,也无怨无悔。

亲有疾,药先尝①;昼夜侍,不离床。

【注释】

① 《礼记·曲礼》:"君有疾饮药,臣先尝之;亲有疾饮药,子先尝之。医不三世,不服其药。"

【译文】

当父母生病的时候,父母所吃的药子女要先尝。照料父母时,要日夜守候在父母的身边,不要随意离开。

丧三年,常悲咽;居处辨,酒肉绝。

【译文】

父母去世,要居丧三年。在居丧期间要常常追思、感怀父母的养育之恩。对于居住之地要有所选择,要戒绝酒肉。

丧尽礼,祭尽诚;事死者,如事生①。

【注释】

① 《论语·八佾》:"祭如在,祭神如神在。"又《论语·为政》:"生,事之以礼;死,葬之以礼,祭之以礼。"

【译文】

举行丧礼,要合乎礼法。祭奠父母时要诚心诚意,对待去世的父母要如同生前一样恭敬。

兄道①友,弟道恭;兄弟睦,孝在中。

【注释】

① 道:技艺,方法。

【译文】

做兄长的要爱护弟弟,做弟弟的要尊敬兄长。兄弟间和睦相处,孝道自然就在其中了。

财物轻,怨何生;言语忍,忿自泯①。

【注释】

① 泯(mǐn):消失,丧失。

【译文】

对待财物不斤斤计较,兄弟间的怨恨就无从生起。言语处处忍让、包容,愤恨就自然消失了。

或饮食,或坐走;长者先,幼者后。

【译文】

在吃饭用餐、就坐行走的时候,都应当谦虚礼让,年老者优先,年幼者在后面。

长呼人，即代叫；人不在，己先到。

【译文】
长辈有事呼唤人，要马上代为传唤；若被叫的人不在，自己要先去长辈那里看看有什么事。

称尊长，勿呼名；对尊长，勿见①能。

【注释】
① 见（xiàn）：通"现"，表现，表露。

【译文】
称呼尊长，不可以直呼其名。在尊长面前，要谦逊有礼，不要逞能。

路遇长，疾趋揖；长无言，退恭立①。

【注释】
① 《礼记·曲礼》："见父之执，不谓之进不敢进，不谓之退不敢退，不问不敢对，此孝子之行也。"又《礼记·曲礼》："从于先生，不越路而与人言。遭先生于道，趋而进，正立拱手。先生与之言则对，不与之言则趋而退。"

【译文】
路上遇见长辈，应当马上跑上前去作揖问好。长辈没有什么事时，则恭敬地退立一旁，等待长辈离去。

骑下马，乘下车；过犹①待，百步余。

【注释】

① 犹：还。

【译文】

　　不论是骑马还是乘车，在路上遇见长辈都应下马或下车问候。等到长者离去约百步之后，自己才可以上马或乘车离开。

　　长者立，幼勿坐；长者坐，命乃坐。

【译文】

　　与长辈同处时，如果长辈站着，晚辈不可以就座。长者落座后，如果招呼晚辈坐下，晚辈才可以坐下。

　　尊长前，声要低；低不闻，却非宜①。

【注释】

① 宜：适宜，适当。

【译文】

　　在尊长面前说话要把声音放低，但是声音低得让人听不清楚也是不合适的。

　　进必趋，退必迟；问起对，视勿移①。

【注释】

① 《礼记·曲礼》："毋侧听，毋嗷应，毋淫视，毋怠荒。"视：目光，视线。

【译文】

　　面见尊长的时候，要快步向前；告退时，动作要缓慢。尊长问话时，要站起来回答,眼睛不要左顾右盼。

事诸父,如事父;事诸兄,如事兄①。

【注释】
① 《孟子·梁惠王上》:"老吾老以及人之老,幼吾幼以及人之幼,天下可运于掌。"事:侍奉。诸父:伯父、叔父等。

【译文】
侍奉伯伯、叔叔等长辈,要如同侍奉自己的父亲一样孝顺恭敬。对待同族的兄长,要像对待自己的兄长一样友爱尊重。

三 谨而信

朝起早,夜眠迟;老易至,惜此时①。

【注释】
① 陶渊明《杂诗》:"盛年不重来,一日难再晨。及时当勉励,岁月不待人。"

【译文】
清晨要早起,晚上要迟睡。时光飞逝,不经意间人们就从少年步入老年,所以要珍惜每时每刻。

晨必盥①,兼漱口;便溺回,辄净手②。

【注释】
① 盥(guàn):洗手,洗脸。
② 辄:总是,就。

【译文】

早上起床后,要洗脸刷牙。每次大小便后,都要把手洗干净。

冠必正,纽①必结;袜与履,俱紧切。

【注释】

① 纽:扣襻。

【译文】

帽子要戴端正,衣服要用扣襻结好,袜子要穿平整,鞋带要系紧。

置①冠服,有定位;勿乱顿,致污秽。

【注释】

① 置:放置,安放。

【译文】

衣帽鞋袜要放置在固定的地方,不要随意乱扔,以免把它们弄脏。

衣贵洁,不贵华;上循分,下称家①。

【注释】

① 《礼记·少仪》:"衣服在躬而不知其名为罔。"循:符合,遵循。分:身份。

【译文】

穿衣服要注重干净整洁,而不要讲究华贵漂亮。穿着既要考虑到自己的身份和场合,又要与自己的家境状况匹配。

对饮食,勿拣择①;食适可,勿过则②。

【注释】

① 拣择：挑拣，选择。
② 则：标准，准则。

【译文】

对于日常饮食，不要挑挑拣拣，要适可而止，不可超过常量。

年方少，勿饮酒；饮酒醉，最为丑。

【译文】

年少的时候不要饮酒，一旦喝醉，就会丑态百出。

步从容，立端正；揖①深圆，拜恭敬。

【注释】

① 揖：拱手行礼。古时作揖有严格规定，要求曲身、低头，眼睛看着自己的鞋尖，两手圆拱。

【译文】

走路时步态要从容，站立时身体要端正挺直，作揖时身子要躬下去，叩头跪拜时要恭敬。

勿践阈①，勿跛倚②；勿箕踞③，勿摇髀④。

【注释】

① 阈：门槛。《礼记·曲礼》："大夫士出入君门，由闑右，不践阈。"
② 《礼记·曲礼》："游毋倨，立毋跛，坐毋箕，寝毋伏。"跛倚：一脚落地斜靠着。

③ 箕踞：坐时两腿前伸，形如箕，是一种倨傲无礼的表现。
④ 髀（bì）：腿，大腿。

【译文】
　　进门时脚不要踩在门槛上，站立时身体不要倾斜，就座时两腿不要叉开或伸出，也不要摇晃大腿。

　　缓揭帘，勿有声；宽转弯，勿触棱①。

【注释】
① 棱：物体的棱角。

【译文】
　　掀开门帘时动作要轻缓，避免发出声响。走路转弯时，余地要留大些，以免触到棱角。

　　执虚器，如执盈；入虚室，如有人①。

【注释】
① 《礼记·少仪》："执虚如执盈，入虚如有人。"

【译文】
　　即使是拿着空的器皿，也要像里面盛满东西一样小心谨慎。即使是进入无人的房间，也要像有人在一样，不可随意。

　　事勿忙，忙多错；勿畏难，勿轻略①。

【注释】
① 轻略：轻率，忽视。

【译文】

做事情不要太匆忙,匆忙容易出差错。对待任何事物,既不要害怕困难,也不要轻率应付。

斗闹场,绝勿近;邪僻事①,绝勿问。

【注释】
① 邪僻:乖戾不正。

【译文】

凡是打架闹事的场合,都不要靠近。对于邪恶不正的事,都不要去过问。

将入门,问孰存;将上堂,声必扬①。

【注释】
① 《礼记·曲礼》:"将上堂,声必扬。户外有二屦,言闻则入,言不闻则不入。"

【译文】

将入别人家门时,要先问有人在否。准备进入厅堂时,声调要提高。

人问谁,对以名;吾与我,不分明。

【译文】

当有人问"是谁"时,应当报出自己的名字,不能回答"吾"或"我",让人听不明白。

用人物,须明求;倘①不问,即为偷。

【注释】

① 倘:同"倘",如果。

【译文】

借用别人的东西,必须事先向别人讲明。如果未得到别人允许而擅自取用,就是偷窃行为了。

借人物,及时还;人借物,有勿悭①。

【注释】

① 悭(qiān):悭吝,吝啬。

【译文】

借了别人的东西,要及时归还。别人来借东西,如果有的话就不要吝啬。

凡出言,信为先;诈与妄,奚可焉①。

【注释】

①《论语·学而》:"曾子曰:'吾日三省吾身:为人谋而不忠乎?与朋友交而不信乎?传不习乎?'"又《论语·学而》:"有子曰:'信近于义,言可复也。'"诈:欺骗。妄:非分,不合理。

【译文】

凡是说出去的话,都要以诚信为先。欺骗蒙混或花言巧语都是绝对不可以的。

话说多,不如少;惟其是,勿佞巧①。

【注释】

① 佞巧：用花言巧语谄媚人。《论语·里仁》："君子欲讷于言，而敏于行。"

【译文】

话多不如话少，讲话要实实在在，不要花言巧语。

刻薄语，秽污语，市井气，切戒之。

【译文】

尖酸刻薄的话，肮脏下流的话，庸俗市侩的习气都要彻底戒除。

见未真，勿轻言；知未的①，勿轻传。

【注释】

① 的：真实，实在。

【译文】

没有看得很真切的事情，不要轻易说出口。所了解的情况不是很确切时，不要轻易地传扬出去。

事非宜，勿轻诺①；苟②轻诺，进退错。

【注释】

① 诺：许诺。
② 苟：如果。

【译文】

不合时宜的事情不要轻易允诺别人，如果轻易允诺了别人，就会使自己进退两难。

凡道字,重且舒①;勿急疾②,勿模糊。

【注释】
① 重:庄重。
② 疾:快。

【译文】
讲话的时候,咬字要清楚,语气要庄重、舒缓,不要讲得匆匆忙忙,也不要讲得含糊不清。

彼说长,此说短,不关己,莫闲管①。

【注释】
①《孔子家语·观周》:"无多言,多言多败;无多事,多事多患。"

【译文】
别人在说长道短的时候,听到与自己无关的话就不要去管它。

见人善,即思齐①;纵去②远,以渐跻③。

【注释】
①《论语·里仁》:"见贤思齐焉,见不贤而内自省也。"齐:达到,看齐。
② 去:距离。
③ 跻(jī):登,上升。

【译文】
看到别人的优点或善行,就立刻想到要向别人看齐、学习,即使和别人的差距很大,也要下定决心,渐渐赶上。

见人恶，即内省^①；有则改，无则警^②。

【注释】
① 内省：省察内心，自我反省。《论语·述而》："子曰：三人行，必有我师焉。择其善者而从之，其不善者而改之。"
② 朱熹《四书章句集注·论语集注》："曾子以此三者日省其身，有则改之，无则加勉，其自治诚切如此，可谓得为学之本矣。"

【译文】
　　看见别人的恶行或缺点，要即刻自我检讨。如果发现自己也有这些缺失，就要即刻改掉；如果没有，也要时刻警惕。

惟德学，惟才艺，不如人，当自励。

【译文】
　　如果自己的品德、学问、才能、技艺不如别人，就应当自我勉励，努力赶上。

若衣服，若饮食，不如人，勿生戚^①。

【注释】
① 戚：忧愁，悲哀。

【译文】
　　如果自己的衣服不如别人华美，自己的饮食不如别人可口，不要悲伤难过。

闻过怒，闻誉乐^①，损友来，益友却^②。

【注释】

① 陆九渊《与傅全美》:"闻过则喜,知过不讳,改过不惮。"誉:赞美,表扬。
② 《论语·季氏》:"益者三友,损者三友。友直,友谅,友多闻,益矣。友便辟,友善柔,友便佞,损矣。"却:退却,后退。

【译文】

听见别人指责自己的过失就发怒,听见别人称赞自己就高兴,这样就会使坏朋友接近你,而真正的良朋益友却逐渐疏远了。

闻誉恐,闻过欣,直谅士①,渐相亲。

【注释】

① 直谅士:见前注。直,正直。谅,谅解,宽容。

【译文】

听到别人赞美自己就感到不安,听见别人指责自己的过错便欣然接受,这样良师益友就渐渐地和你亲近了。

无心非,名为错;有心非,名为恶。

【译文】

无意中做了坏事,叫作"错";存心做坏事,就叫作"恶"。

过能改,归于无①;倘掩饰,增一辜②。

【注释】

① 《左传·宣公二年》:"人谁无过,过而能改,善莫大焉!"
② 辜:罪,过错。

【译文】

　　知错能改,就可以当作没有犯错一样。如果犯了错误还要刻意去掩饰,那就是错上加错了。

四　泛爱众而亲仁

　　凡是人,皆须爱;天同覆,地同载①。

【注释】

① 《礼记·孔子闲居》:"孔子曰:'天无私覆,地无私载,日月无私照。奉斯三者以劳天下,此之谓三无私。'"

【译文】

　　不论是什么人,我们都要去关心爱护,因为我们生活在同一片天空下,生长在同一个地球上。

　　行高者,名自高;人所重,非貌高。

【译文】

　　一个品德高尚的人,自然会声名远扬。人们所敬重的,并不是一个人的外貌。

　　才大者,望自大;人所服,非言大。

【译文】

　　才能卓越的人,声望自然高远。人们所佩服的是有真才实学的人,而不是夸夸其谈的人。

　　己有能,勿自私;人有能,勿轻訾①。

【注释】
① 訾（zǐ）：说人坏话，诋毁。
【译文】
　　自己有才能，就应当多为他人着想，不可自私自利。别人有才能，不要心生嫉妒或诽谤他人。

　　勿谄富，勿骄贫①；勿厌故，勿喜新。

【注释】
①《礼记·坊记》："子云：'小人贫斯约，富斯骄。约斯盗，骄斯乱。'"郑氏注：约，穷。
【译文】
　　对待富有的人不要去谄媚巴结，对待贫穷的人不要骄横无礼。不要喜新厌旧。

　　人不闲，勿事搅；人不安，勿话扰。

【译文】
　　别人忙碌的时候，不要去打扰他。别人心绪不安的时候，不要用言语去打扰他。

　　人有短，切莫揭；人有私①，切莫说。

【注释】
① 私：隐私。
【译文】
　　对于别人的短处，千万不要去揭穿。对于别人的私密，也不要随便乱说。

道人善，即是善①；人知之，愈思勉。

【注释】
① 《礼记·坊记》："善则称君，过则称己，则民作忠。……善则称亲，过则称己，则民作孝。"

【译文】
称赞别人的善行就是行善，因为别人知道了你的赞美后，必定会受到鼓舞而更加努力。

扬人恶，即是恶；疾之甚，祸且①作。

【注释】
① 且：将要。《论语·泰伯》："人而不仁，疾之已甚，乱也。"朱熹注："恶不仁之人而使之无所容，则必致乱。"

【译文】
到处宣扬别人的短处就是一种罪恶，如果做得太过分了，就会惹出祸端。

善相劝，德皆建；过不规①，道两亏。

【注释】
① 规：规劝，谏诤。

【译文】
互相规过劝善，有助于双方良好品德的培养。有过错而不能互相规劝，两个人的品德都会有所缺陷。

凡取与，贵分晓①；与宜多，取宜少。

【注释】
① 晓：知晓，明白。

【译文】
无论是从他人手里获取东西，还是把东西赠与他人，都要区分清楚，宁可多给别人一些，自己少拿一些。

将加人，先问己，己不欲，即速已①。

【注释】
① 《论语·颜渊》："子曰：'己所不欲，勿施于人。'"已：停止。

【译文】
事情要施加到别人身上之前，首先要问问自己是不是愿意这样做。如果连自己也不愿意做，就要赶快停止。

恩欲报，怨欲忘；报怨短，报恩长。

【译文】
对别人的恩德要时刻想着报答，对别人的怨恨要尽快忘记。对别人的怨恨越短越好，对别人的恩德要常记在心。

待婢仆，身贵端；虽贵端，慈而宽①。

【注释】
① 宽：宽厚。

【译文】

对待家里的婢女与仆人，首先要注重自身的品行端正。品行端正固然重要，但是对人还要仁慈宽厚。

势服人，心不然；理服人，方无言。

【译文】

用权势去压服别人，就会使人口服心不服；以道理去说服别人，才会使人心服口服。

同是人，类不齐；流俗众，仁者稀①。

【注释】

① 《论语·宪问》："君子而不仁者有矣，夫未有小人而仁者也。"

【译文】

同样是人，类别却有不同，大部分都是流于庸俗的普通人，而品行高洁、仁爱宽厚的人却很少。

果仁者①，人多畏；言不讳，色不媚。

【注释】

① 果：确实，果然。

【译文】

真正仁慈的人，人们都敬畏他，因为他说话直言不讳，也不阿谀奉承。

能亲仁，无限好，德日进，过日少。

【译文】

　　能和仁德的人亲近，就会受益匪浅，因为他会使我们的德行与日俱增，使我们的过失一天天地减少。

　　不亲仁，无限害，小人进，百事坏。

【译文】

　　不亲近仁德的人，就会带来无穷的祸患，因为不肖的小人会乘虚而入，就会有很多的害处。

五　行有余力，则以学文

　　不力行①，但学文，长浮华，成何人？

【注释】

① 力行：勉力从事，努力去做。《中庸》："好学近乎知，力行近乎仁，知耻近乎勇。"

【译文】

　　如果只是一味地苦读经籍，而不能把所学的东西用于实践，就会滋长自己的浮华习气，那最终会变成什么样的人呢？

　　但力行，不学文，任己见，昧①理真。

【注释】

① 昧：掩藏，蒙蔽。

【译文】

如果只是一味地实践力行,而不踏实读书,就会凭着一己之见做出许多不符合道理的事来。

读书法,有三到:心眼口,信皆要①。

【注释】

① 朱熹《训学斋规》:"余尝谓读书有三到,谓:心到,眼到,口到。"信:确实,的确。

【译文】

读书的方法有三到:心到,眼到,口到,三者都很重要,缺一不可。

方读此,勿慕彼;此未终,彼勿起。

【译文】

不要刚开始读这本书就想着去读那本书,一本书没读完,就不要再去读另一本书。

宽为限,紧用功;工夫到,滞塞通。

【译文】

刚开始读一本书时,要把计划时间放宽泛些,但是读书也得抓紧用功,只要功夫深,困惑疑难就会迎刃而解了。

心有疑,随札记①;就人问,求确义。

【注释】

① 札记：读书时摘记的要点和心得。

【译文】

　　求学过程中，若有疑问，应随时做笔记。等到有机会时，就向别人请教，以求获得精确的义解。

　　房室清，墙壁净；几案洁，笔砚正。

【译文】

　　书房要收拾清爽，墙壁要保持干净，书桌要整理清洁，笔墨纸砚要摆放端正。

　　墨磨偏，心不端①；字不敬②，心先病。

【注释】

① 《大学》："意诚而后心正，心正而后身修，身修而后家齐，家齐而后国治，国治而后天下平。"
② 敬：恭敬，尊重。

【译文】

　　如果把墨磨偏了，就说明你心不在焉；字写得不工整，就表示你心神不宁。

　　列①典籍，有定处；读看毕，还原处。

【注释】

① 列：陈列，摆放。

【译文】

经义典籍应当摆放在固定的地方，如果读完了就要放回原处。

虽有急，卷束^①齐；有缺坏，就补之。

【注释】

① 束：捆，系。

【译文】

即使有急事，也要把书卷整理好，摆放整齐。如果书籍有破损的地方，要及时修补好。

非圣书^①，屏^②勿视；蔽聪明，坏心志。

【注释】

① 圣书：指儒家经典。
② 屏：摒弃，排除。

【译文】

不是圣贤之书就摒弃不看，因为不正经的书会蒙蔽人的智慧，损害人的心志。

勿自暴，勿自弃^①；圣与贤，可驯致^②。

【注释】

① 《孟子·离娄上》："自暴者，不可与有言也；自弃者，不可与有为也。言非礼义，谓之自暴也；吾身不能居仁由义，谓之自弃也。"自暴：自我戕害。自弃：自己放弃上进。

② 《孟子·滕文公上》："颜渊曰：'舜何人也？予何人也？有为者亦若是！'"致：达到。

【译文】

　　一个人不要自暴自弃，只要发愤图强，努力进取，即使是圣贤的境界也是可以达到的。

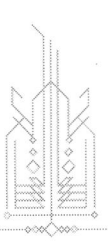

附：老学究语

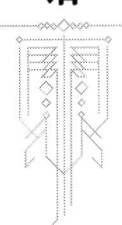

一　四言

有礼则安，无礼则危①，齐家以礼②，万福之基③。
上下之分④，内外之限，最宜谨严，不可稍乱。
家长严正，卑幼恭顺，善气凝薰，元吉大庆⑤。
不怕饥寒，怕无家教，惟有教儿，最关紧要。

【注释】

① 《礼记·曲礼》："人有礼则安，无礼则危。故曰：礼者，不可不学也。"又注："礼所以治人情，修仁义，尚辞让，去争夺。故人必有礼，然后身安而国家可保也。"
② 齐：治理，整治。
③ 基：根基。
④ 上下之分：《礼记·曲礼》："君臣上下，父子兄弟，非礼不定。"
⑤ 元吉：大吉。《周易·坤》："黄裳元吉。"

有儿不教，不如无儿，教不以正①，何以教为？
善爱儿者，不偏于爱，偏于爱者，儿受其害。
望儿成立，怕儿不才，动其畏心②，绝其祸胎③。
松下生松，柏下生柏，近朱者赤，近漆者黑。

【注释】

① 正：正确的道理。
② 动：震动，感动。
③ 祸胎：罪祸的根源。

横天塞地，一个孝字，震古烁今，一件难事。
友以成孝，孝以兼友①，薄兄弟者②，薄其父母。
妇人之言，非不可听，怕以长舌③，济其阴性④。
枝枝叶叶，一树一根，同宗共祖，虽疏亦亲。
有礼之家，可以联姻，无讼之乡⑤，可以结邻。

【注释】

① 友以成孝，孝以兼友：对兄弟的友爱有助于成全对父母的孝心，对父母的孝顺中其实也包含着对兄弟的友爱之情。成，完成，实现。
② 薄：刻薄，不厚道。
③ 长舌：比喻多言，也指搬弄是非。
④ 济其阴性：助长女人刻薄善妒的天性。济，增加。
⑤ 讼：诉讼，打官司。

富贵贫贱，几人看破，这个关头①，先要打破。
贫贱者多，富贵者少，都要富贵，天也难了②。
处贫贱易，处富贵难，贫贱之福③，事少心闲。
富贵场中，变故实多，一有不测，立见风波。
富贵场中，机心特甚④，一有不平⑤，立成崖阱。
利为利役⑥，势为势屈⑦，富人仓皇⑧，贵人局促⑨。
纨绔之习⑩，腥膻之气，富贵之家，薰于势利⑪。
炎炎隆隆⑫，毒之所钟⑬，虫生柱中，孰知其虫？
贵盛富厚，罕能百年，不如贫贱，其流涓涓⑭。

【注释】

① 关头：观念。

② 都要富贵，天也难了：人人都想要富贵，连老天也感到为难。
③ 贫贱之福：贫贱之人的好处。福，福气。
④ 机心：巧诈之心。《庄子·天地》："有机械者必有机事，有机事者必有机心。"
⑤ 不平：不均，不公正。
⑥ 利为利役：贪图钱财的人为利益所驱使。役，奴役。
⑦ 势为势屈：追逐权势的人为势力而屈服。
⑧ 富人仓皇：富人因为钱多而终日慌张不安。仓皇，匆忙急迫，慌张。
⑨ 贵人局促：贵人因为身居高位而整日拘谨不安。
⑩ 纨绔：同"纨裤"，细绢做的裤子，是古代贵族子弟的服装，借指贵族子弟。
⑪ 薰：熏染。
⑫ 炎炎隆隆：炎炎、隆隆，均指权势显赫。扬雄《解嘲》："炎炎者灭，隆隆者绝。"
⑬ 毒：祸害。
⑭ 涓涓：细水慢流的样子。

　　徇末忘本①，弃内营外②，所得者小，所失者大。
　　人之所欲，非我所欲，不求有余，自无不足。
　　淡淡薄薄，朴朴素素，食不厌蔬，衣不厌布。
　　孝养父母，有儿教儿，眼前生计，勿荒于嬉③。
　　只图佚乐④，定不快活，能耐劳苦，别无痛楚。
　　日出而作，日入而息，第一等人，自食其力。
　　懒人懒病，无药可医，不瘫不痪，惰其四肢。
　　身有所属，心有所系，若无执业⑤，何所不至？
　　东倒西歪，七颠八簸，水性杨花，万难结果。

【注释】

① 徇末忘本：为了追求微不足道的小事而忘了做人的根本。徇，追求，谋求。末，末节，微不足道的事情。
② 弃内营外：放弃自己分内的事，而去钻营身外的事。
③ 荒于嬉：韩愈《进学解》："业精于勤，荒于嬉；行成于思，毁于随。"嬉，游戏，玩耍。
④ 佚乐：安逸快乐。
⑤ 执业：所习之常业。

年少力强，急须努力，错过少年，老来着急。
民分为四，各技各艺，欲善其事①，必致其志。
只怕不勤，只怕不精，只怕无恒，不怕无成。
绳锯木断，水滴石穿②，由来者渐，只是一专③。
天生之物，可用者众，天生之人，必有所用④。
生贫贱家，当知自力⑤，生富贵家，岂遂自逸⑥？
第一可愧，坐享庸福，酒囊饭袋，行尸走肉。
有穿有戴，又醉又饱，不怕过分，专要爱好。
一切器具，色色精致，物盛人衰，物坚人脆。
高门广厦，以为安宅，屋是主人，人却是客。
月不常圆，日不再中，泰则必侈⑦，侈则必穷⑧。

【注释】

① 欲善其事：《论语·卫灵公》："工欲善其事，必先利其器。"
② 绳锯木断，水滴石穿：《鹤林玉露·地集·一钱斩吏》："一日一钱，千日千钱，绳锯木断，水滴石穿！"
③ 由来者渐，只是一专：绳锯木断和水滴石穿的原因就在于循序渐进，持之以恒。

④ 天生之人，必有所用：李白《将进酒》诗："天生我材必有用，千金散尽还复来。"
⑤ 自力：尽自己的力量。《新唐书·白志贞传》："硁硁自力，有智数。"
⑥ 自逸：自身贪图享乐。
⑦ 泰：宽裕。《荀子·议兵》："凡虑事欲孰，而用财欲泰。""孰"同"熟"。
⑧ 侈：奢侈，放纵。

今之所享，前之所积，无奈痴儿①，不知爱惜。
痴儿不痴，乃翁实痴②，躬自积之，何不散之③？
家有余银，族有贫人，厨有剩饭，途有饿汉。
不痛不痒，一彼一此，将心比心，知己知彼。
人到穷时，老天也穷，能拯人者，能代天工④。
拙人守拙，天之所怜，你照看他，他有二天⑤。
正人守正⑥，天之所喜，你帮扶他，天也爱你。
勿谓人穷，由于不才⑦，正惟不才，益觉可哀。
勿谓人穷，我亦不丰，我纵不丰，未是奇穷⑧。
济众固难⑨，要有所济，见人垂危⑩，乌能坐视⑪？
厚施固难⑫，不施不得，千钱百钱，亦可解厄⑬。

【注释】

① 痴儿：呆傻，无知的孩子。杜甫《百忧集行》："痴儿未知父子礼，叫怒索饭啼门东。"
② 乃翁：你的父亲。《汉书·项籍传》："吾与若俱北面受命怀王，约为兄弟，吾翁即汝翁。必欲享乃翁，幸分我一杯羹。""享"同"烹"。
③ 躬自积之，何不散之：自己辛勤积攒下来的钱财，为何不把它分发给别人呢？躬，亲身。

④ 天工：同"天功"，天的职司。
⑤ 二天：据《后汉书·苏章传》载，东汉冀州刺史苏章巡视部署时，特别宴请清河太守，太守高兴地说："人皆有一天，我独有二天。"后来在诗文中就常用"二天"表示感恩之词。王十朋《送吴宪知叔》："郡不留三宿，人皆仰二天。"
⑥ 正人守正：正直的人坚守正理。
⑦ 不才：没有才能。
⑧ 奇穷：非常穷。奇，副词，极，甚。
⑨ 济：帮助。
⑩ 垂危：病重将死。
⑪ 乌：疑问代词，同"何"。
⑫ 厚施：给人以丰厚的施舍。
⑬ 厄：穷困，灾难。

养人者田，害人者钱，钱之为物，人皆殉焉①。
出之自我，一滴不漏②，取之于人，惟嫌不够。
便是锱铢③，也觉有益，眼孔太小，心计太密。
越有越贪，不多不快，盖棺之时，一钱难带。
我所应有，有而不有④，留与儿孙，从容消受。
非所应有，不可强索，人既不愿，我亦何乐？
非所应有，不可隐取⑤，诡而得之⑥，是谓盗矣。

【注释】

① 钱之为物，人皆殉焉：世人都为了钱财而送了命。殉，为某种目的而死。
② 出之自我，一滴不漏：从我手里拿出去的东西，多一点也不行。
③ 锱、铢：均为古代重量单位。六铢为一锱，二十四铢为一两。

④ 我所应有，有而不有：命中注定是我的东西，是否拥有它都无所谓。
⑤ 隐取：用不光明的手段取得。隐，暗中，私下。
⑥ 诡：欺诈。

  蜣螂转丸，以粪为香，扑灯之蛾，但见灯光。
  刀头着蜜，酒中置鸩①，心既甘之，可𦧹可饮。
  欲因利炽②，利令智昏③，人为利诱，生入鬼门④。
  敬人人敬，自敬其身⑤，人生一世，畏敬于人⑥。
  漫说尊长，漫说先达⑦，但是个人，总难抹煞⑧。
  谦谦君子，恭而有礼，小人不然，傲慢而已。
  有意慢人，人必难堪，无心之慢，亦讨人嫌。
  必颠必蹶⑨，必倾必折⑩，侈然自肆⑪，夷然不屑⑫。

【注释】

① 鸩：一种有毒的鸟，羽毛泡在酒中，能毒死人。
② 欲因利炽：欲望因贪图钱财而在人的内心中燃烧。炽，燃烧。
③ 利令智昏：贪图私利使头脑发昏，忘掉了一切。《史记·平原君虞卿列传》："鄙语曰：'利令智昏。'平原君贪冯亭邪说，使赵陷长平兵四十余万众，邯郸几亡。"
④ 生入鬼门：活着也等于进了鬼门关。
⑤ 敬人人敬，自敬其身：尊敬别人也会得到别人的尊敬，也就等于尊敬了自己。
⑥ 人生一世，畏敬于人：人活在世上，对别人要怀着一种畏惧敬服之心。
⑦ 漫说：同"慢说"，连词，别说。漫，莫，不要。先达：指有德行有学问的前辈。
⑧ 但是个人，总难抹煞：即使是普通的一个人，也总有难以抹煞的

地方。但，仅，只是。

⑨ 颠：自高处坠落，跌倒。蹶：跌倒，绊倒。

⑩ 倾：倾覆。折：挫折，损失。

⑪ 侈：放纵。《孟子·梁惠王上》："苟无恒心，放辟邪侈，无不为已。"肆：放纵，恣意而行。《左传·昭公十二年》："昔穆王欲肆其心，周行天下。"

⑫ 夷：同辈，同等。《史记·留侯世家》："今诸将皆陛下故等夷。"

人不尽愚，我岂独贤①？如云富贵，尤属偶然②。
但有作用，意量必深③，但有受用④，气味必醇。
被人看破，只为自大，被人料到，只为自小。
人与人接⑤，断难如意，一个单方⑥，总不动气。
愚人贱人，倘或我慢，却要恕他⑦，他实愚贱。
势利中人，倘或我慢，势利而已，又何足算⑧？
人之悍者，我当思难⑨，人之黠者，我当思患⑩。
偶尔抵触⑪，亦事之常，定要较量，自取烦恼。
我以为圆，人以为方，方则方耳，于圆何伤？
人无可疑，而我疑之，疑鬼鬼现，疑贼贼随。
彼此生疏⑫，何隙何衅？衅隙之生⑬，由于昵近⑭。

【注释】

① 人不尽愚，我岂独贤：别人并非都是愚笨之人，难道独有我是贤明之人？

② 如云富贵，尤属偶然：就好比说到富贵，我也只是偶然得到。

③ 作用：努力，用力。白居易《赠杨使君》："时命到来须作用，功名未立莫思量。"意量：见识和气度。

④ 受用：享受，享用。

⑤ 接：接触。

⑥ 单方：单方面的一个人。

⑦ 恕：宽恕，原谅。

⑧ 算：计较。

⑨ 人之悍者，我当思难：遇到蛮横凶悍的人，我应当想到与他交往的困难。

⑩ 人之黠者，我当思患：遇到狡猾的人，我应当想到与他交往带来的麻烦。

⑪ 抵触：矛盾。

⑫ 生疏：疏远，不亲近。

⑬ 衅隙：嫌隙，仇隙。

⑭ 昵近：过于亲密、亲近。

愈理愈纷，愈转愈深，不如罢了，闭口闭心。
肝气易动①，心气难平②，肝木心火，自焚其身。
芝兰之生，杂于众草，凤凰所止，从以百鸟③。
是个吉人④，一团和气，饮人以和，令人自醉。
树树有皮，人人有脸，见人破绽⑤，替人遮掩。
直不自直，白不自白⑥，见人冤枉，替人分别⑦。
视人之事，如己之事，既应承他，有一无二。

【注释】

① 肝气：容易发怒的心理状态。

② 心气：心情。

③ 凤凰所止，从以百鸟：凤凰栖息的地方跟随着许多的鸟儿。

④ 吉人：善人。《左传·文公十八年》："今行父虽未获一吉人，去一凶矣。"

⑤ 破绽：比喻说话、做事时出现的漏洞。
⑥ 直不自直，白不自白：正直的人不标榜自己的正直，清白的人不吹嘘自己的清白。
⑦ 分别：分析辩解。

随处度人①，一钱不费，与子言孝，与弟言悌②。
凡与人言，词气从容③，规人劝人，人也乐从。
爱我誉我，见我揄扬④，承以惶愧，谢不敢当。
说我不是，道我不好，虚心领受，反而自考⑤。
汪汪之量⑥，海纳百川，皎皎之心⑦，月丽中天⑧。
天理良心，常言如此，昧了天良，忍心害理。

【注释】

① 度：同"渡"，救济。
② 悌：敬爱兄长。《论语·学而》："入则孝，出则弟。""弟"同"悌"。
③ 词气：言辞气度。杜甫《同元使君舂陵行》："道州忧黎庶，词气浩纵横。"从容：不慌不忙，悠闲舒缓。
④ 揄扬：赞誉，表扬。
⑤ 反而自考：返回家后，自我反省。反，同"返"。考，考察。
⑥ 汪汪：水深广的样子。比喻人的气度大。蔡邕《郭有道碑文》："其器量弘深，姿度广大，浩浩焉，汪汪焉，奥乎不可测已。"
⑦ 皎皎：洁白、明亮的样子。
⑧ 月丽中天：明月悬挂在空中。《周易·离》："日月丽乎天，百谷草木丽乎土。"丽，依附。

人之感人，所入者深①，岂有异术，只是实心②。
实心实肠，鬼也信你，巧于骗人，骗的自己。

遇事生风③，七嘴八舌，他人之事，于己何涉？
无中生有，胡说乱道，嚼舌而死④，眼前现报。
以计陷人，人莫能脱⑤，恶之大者，陷人于恶⑥。
助恶长恶，小人之尤，因风纵火，火上浇油。
树怕剥皮，人怕伤心，冤家路窄，无处躲身。
凡菑人者⑦，人反之，君子必慎，慎其所施。
谄人媚人，行同市侩，乞丐性情，倡优体态⑧。
羞不知羞，怪不知怪，但得人怜，自以为快。
势利中人，无所不有⑨，名教中人，切须有守⑩。
何谓秀才？何谓孝廉⑪？顾名思义，能否无惭⑫。

【注释】

① 人之感人，所入者深：人之所以能感动他人，是因为他的言行深入人心。

② 岂有异术，只是实心：难道有什么特殊的方法吗？只是用了真心实意而已。实心，真心实意。

③ 风：风言风语，没有确实根据的话。

④ 嚼舌：信口胡说，搬弄是非。

⑤ 脱：逃脱，免于祸。《汉书·高帝纪上》："滕公下收载，遂得脱。"

⑥ 恶人大者，陷人于恶：最坏的恶人，反而喜欢诬陷别人是恶人。

⑦ 菑：古同"灾"，危害。

⑧ 倡优：也作"娼优"，古代歌舞杂技艺人。体态：姿态，神情。

⑨ 势利中人，无所不有：追逐权势和钱财的人，以上种种丑态无不占尽。

⑩ 名教中人，切须有守：正统之人必须有所操守。名教，以等级名分为核心的封建礼教。

⑪ 孝廉：汉代选举官吏的两种科目。孝，孝悌之人。廉，清廉之士。

后来合称孝廉，历代因之。也指被举荐的士人。
⑫ 顾名思义，能否无惭：看到"秀才"和"孝廉"这两个称号，想想自己是否有愧于此。

一第一官①，休足为荣，俗眼俗口，说是功名。
功名二字，谈何容易，功在天下，名在后世。

【注释】

① 第：科第，科举考试及格的等级。

小用小效，保惠一方①，有功可纪，其名亦彰②。
果有经济③，必有器局④，器局宏深，自能拔俗⑤。
抱负在先，功名在后⑥，随地设施，平时讲究⑦。
不能则学，不知则问，耻于问人，决无长进。
两眼要明，明于认人，不可狎者，可宗可亲⑧。
饥而食粥，粥可省费⑨，困而读书，书可益智⑩。
以书益智，智在明理，理之大常，礼义廉耻。
见得理明，信得命定，胆壮气足，物皆退听⑪。
何贱何贫，只要成人，有品不贱，有学不贫。

【注释】

① 小用小效，保惠一方：地方官吏发挥的小作用也可给百姓带来恩惠。
② 有功可纪，其名亦彰：官吏的功劳能够被记载下来，他的声名也因此而显著。彰，显著。
③ 经济：经世济民。杜甫《上水遣怀》："古来经济才，何事独罕有。"
④ 器局：才识和气度。《晋书·何充传》："何充器局方概，有万夫之望。"
⑤ 拔俗：形容品德、风度超过一般人。

⑥ 抱负在先，功名在后：先树立了远大志向，才有可能成就功名。抱负，远大的志向。
⑦ 随地设施，平时讲究：因为有了平时的探究和积累，才能随时随地有所发挥。设施，布置，安排。讲究，探究。
⑧ 不可狎者，可宗可亲：（要认清）哪些是不可以亲近的人，哪些是需要尊崇的人。狎，亲昵，亲近。宗，尊崇，敬仰。
⑨ 费：财用，费用。
⑩ 智：理智。
⑪ 物皆退听：能够抵制所有的物质利诱。退听，意即退出听力所及的范围。

不为良相，当为良医，医固可为，不如蒙师①。
人生百年，始于龆龀②，不培其根，必染邪症③。
圣贤之言，百症俱详④，不得良师，不显良方⑤。
书所云云，归到身心⑥，随事指点，入之也深⑦。
勤勤善导，小子有造⑧，世多善人⑨，良师之效。

【注释】

① 蒙师：启蒙老师。
② 龆龀（tiáo chèn）：垂发换牙，表示童年。《颜氏家训·序致》："昔在龆龀，便蒙诲诱。"
③ 邪：中药指引起一切疾病的因素。《急就篇》卷四："灸刺和药逐去邪。"
④ 圣贤之言，百症俱详：圣贤之书道明了人生的各种弊病。
⑤ 不得良师，不显良方：没有良师的指点，即使是再好的理论也只是纸上谈兵。
⑥ 书所云云，归到身心：书上所讲的东西要用心领会。
⑦ 随事指点，入之也深：遇到不同的情况而随时加以指点，对书中

⑧ 小子：子弟，晚辈。《论语·子张》："子夏之门人小子，当洒扫应对进退，则可矣。抑末也，本之则无。"

⑨ 善人：有道德的人，行为善良的人。《论语·述而》："善人，吾不得而见之矣，得见有恒者，斯可矣。"

十二时中①，莫欺自己，最着紧处，鸡鸣而起。
一有邪念，立即斩断，断了念头，再休牵绊。
非不自知，无奈自恕，恕一恕再，走入邪路②。
自攻自治，我不我容③，绝大智慧，真正英雄。
贪不如廉，巧不如拙④，躁不如静，辩不如默⑤。
宁重勿轻，宁缓勿迫⑥，宁厚勿薄，宁宽勿窄⑦。
谨守三戒⑧：戒之在色，戒之在斗，戒之在得。
切须小心，战战兢兢，如临深渊，如履薄冰⑨。

【注释】

① 十二时：我国古代以一昼夜为十二时辰，每一时辰为两小时。王维《送杨长史赴果州》："鸟道一千里，猿声十二时。"

② 恕一恕再，走入邪路：一而再，再而三地宽恕自己，就会走入歧途。

③ 自攻自治，我不我容：自己医治自己的病症，自己决不容许自己再犯错误。攻、治，均为治疗之意。

④ 巧不如拙：《韩非子·说林上》："故曰：'巧诈不如拙诚。'"

⑤ 辩不如默：与其争辩，不如沉默。

⑥ 宁重勿轻，宁缓勿迫：宁可庄重，不要轻佻；宁可舒缓，不要急迫。

⑦ 宁厚勿薄，宁宽勿窄：宁可厚重，不要刻薄；宁可宽容，不要褊狭。

⑧ 三戒：《论语·季氏》："孔子曰：'君子有三戒：少之时，血气未定，戒之在色；及其壮也，血气方刚，戒之在斗；及其老也，血气既衰，

戒之在得。'"
⑨ 战战兢兢，如临深渊，如履薄冰：出自《诗经·小雅·小旻》，形容非常恐惧、谨慎的样子。

二　六言

五行之属三千①，罪莫大于不孝。世俗不孝者五，先要尔曹知道②。
外人不算同气③，同气只此兄弟。弟兄能有多少，十个八个更好。
一体分为五指，指头或短或长。长短无非手足，弟兄切莫参商④。
兄弟亲戚朋友，失欢多为谗言。小人工于离间⑤，勿为小人所谩⑥。
妇人儿子奴仆，最多一面之辞。轻听必然惹祸，祸来躬自当之⑦。
祖父官大门高，儿孙意气自豪。多少潭潭第宅⑧，转眼化作蓬蒿⑨。
前人纵有功德，也难向人夸耀。后人不及前人，旁人说你不肖⑩。

【注释】

① 五行：即五常。《汉书·扬雄传上》："文之以五行，拟之以道德仁义礼知。""知"同"智"。

② 尔曹：你们。杜甫《戏为六绝句》："尔曹身与名俱灭，不废江河万古流。"

③ 同气：同宗，同根。气，指人的精气、元气。

④ 参商：参星和商星。二星分别在东西方，出没不同时。比喻双方远离。杜甫《赠卫八处士》："人生不相见，动如参与商。"

⑤ 离间：挑拨，耍手段使不和睦。

⑥ 谩（mán）：欺骗。

⑦ 当：承担。

⑧ 潭潭：宽深，宽大。陈亮《与叶丞相》："亮积忧多畏，潭潭之府所不敢登。"

⑨ 蓬蒿：飞蓬与蒿草。泛指杂草、荒草。
⑩ 肖：类似。

　　读书专习文字，文字专求科第①。一心指望做官，误了许多子弟。做官非图富贵，有君有国有民。若是一无好处，不如做个乡人。子弟先要醇谨②，醇谨自然端正。少小便逞聪明，聪明不如愚钝。人生福泽之源，端在精神纯固③。纵有学问文章，只是深沉不露。不容冒者才子④，不可居者名士⑤。一味轻薄颠狂，桃花柳絮而已⑥。

【注释】

① 文字：指文章。孟郊《老恨》："无子抄文字，老吟多飘零。"
② 醇谨：性情敦厚，言行恭谨。
③ 端：本。《礼记·礼器》："二者居天下之大端矣。"
④ 不容冒者才子：不自我吹嘘的人才是真正的才子。
⑤ 不可居者名士：不居功自傲的人才是真正的名士。
⑥ 一味轻薄颠狂，桃花柳絮而已：杜甫《绝句漫兴九首（其五）》："颠狂柳絮随风去，轻薄桃花逐水流。"比喻趋炎附势、随波逐流的小人。

　　身非豢养不肥①，家非刻剥不富②。与其富也宁贫，与其肥也宁瘦。
　　世重有贝之才③，财非无用之物。愚人以之贾祸④，智者以之造福。
　　钱多正好行善，只要积而能散。积善也如积钱，一文凑到一串。放着好事不做，反道善门难开。开门也自容易，有财岂患无才。只有锦上添花，哪有雪中送炭。看破这般世情，落得做个铁汉⑤。忮心最是难平⑥，须知不平则险。丈夫不肯求人，胸次却无坑坎⑦。

【注释】

① 豢养：饲养牲畜。
② 刻剥：剥削。杜甫《遣遇》："闻见事略同，刻剥及锥刀。"
③ 有贝之才：即"财"字。
④ 贾祸：招致祸患。贾，招致。《国语·晋语一》："以宠贾怨，不可谓德。"
⑤ 铁汉：也作"铁汉子"，指坚强的人。
⑥ 忮（zhì）心：指猜忌之心。《淮南子·诠言训》："方船济乎江，有虚船从一方来，触而覆之，虽有忮心，必无怨色。"
⑦ 坑坎：不平之气。

身为子孙之根，心为万事之本①。人生心过实多，怕的最是心狠②。一事不肯放松，一言必图报复③。外面声息俱无，岂知里面最毒④。妄人最会怪人⑤，奸人最会疑人⑥。其势必至枉人，其心俱可杀人。

称人之恶则喜，道人之善则忌⑦。不愿人做好人，即此已为败类⑧。你看眼前的人，是人都觉不好。你有什么好处，度量先已狭小。或为遭际所迫，亦有识见之差。大小替他原谅，那便指摘交加。一任无理取闹，只如不闻其声。一任有心搬弄，只如不识其人。人亦何所不有，糊涂必至荒唐⑨。事亦何所不有，横逆概属寻常⑩。衅由仓猝而开，即时力制其忿⑪。忿由积渐而成，平时预弭其衅。门外之仇易释，家庭之恨难消。隐忍终须决裂，由来不是一朝⑫。既已黏皮带骨，万难一划两开。最要留他情面，先须看破钱财。小人休与结怨，亦莫与之作缘。声名怕为所损，还防事故牵连。

【注释】

① 身为子孙之根，心为万事之本：身体是子孙后代得以延续的根本，

心思为一切事情的本原。

② 人生心过实多，怕的最是心狠：人的一生由心生而犯下的过错实在太多了，最怕的就是狠心。

③ 一事不肯放松，一言必图报复：哪怕是一件小事损害了自己的利益，也不肯轻易放过别人，哪怕是一句言论不利于自己，也思图报复别人。

④ 外面声息俱无，岂知里面最毒：表面上不露声色，内心里却包藏祸心。

⑤ 妄人：荒诞无知的人。

⑥ 奸人：邪恶的人。

⑦ 称人之恶则喜，道人之善则忌：听到说别人的缺点就暗自高兴，听到赞美别人的话就忌妒。

⑧ 不愿人做好人，即此已为败类：不愿别人做好人的人，仅此一点就说明他是败类。

⑨ 人亦何所不有，糊涂必至荒唐：世界之大，什么人没有呢？有糊涂乃至荒唐的人。

⑩ 事亦何所不有，横逆概属寻常：世界之大，什么样的事不会发生呢？横行霸道、为非作歹之事都是很平常的。

⑪ 衅由仓猝而开，即时力制其忿：与别人的嫌隙都是由于不冷静而造成的，应马上平息心里的怒气。仓猝，匆忙急迫。制，克制。

⑫ 隐忍终须决裂，由来不是一朝：忍气吞声到最后还是会决裂，这种结果的产生也不是一朝一夕的事了。

蠢人未必有心，其初顺口撒谎。久之遂成惯病，无事不虚不罔[1]。亦有自以为能，事事都像精明。白地落人圈套[2]，一毫知觉不曾。

方才习这一艺，又要别操一技[3]。世事无不可为，白头不成一事[4]。

一生委委靡靡，只是拖泥带水。一旦真真切切，便可斩钉截铁。

身之灵也以心，身之强也以精⑤。失其心者悖理，耗其精者戕生⑥。君子庄敬日强，小人安肆日偷⑦。作伪心劳日拙，作德心逸日休⑧。

【注释】

① 久之遂成惯病，无事不虚不罔：久而久之就成了一种习惯，没有什么事不瞎编胡造。虚，虚假，不真实。罔，欺骗，诬陷。
② 白地：徒然，白白地。李白《越女词五首》之四："相看月未堕，白地断肝肠。"
③ 操：从事。
④ 世事无可不为，白头不成一事：没有什么事不去做，到老时却一事无成。
⑤ 身之灵也以心，身之强也以精：身体的灵气来源于真心，身体的强壮在于精气。
⑥ 失其心者悖理，耗其精者戕生：心术不正的人就违背了常理，虚耗其精气的人就等于戕害自己的生命。
⑦ 君子庄敬日强，小人安肆日偷：《礼记·表记》："君子庄敬日强，安肆日偷。"程子曰："常人之情，才放肆，则日就旷荡；自检束，则日就规矩。"应镛曰："收敛则精神内固，操存则血气不浮，故日进于强。宴安则物欲肆行，纵肆则肤体懈弛，故日至于偷。"
⑧ 作伪心劳日拙，作德心逸日休：《尚书·周官》："作德，心逸日休；作伪，心劳日拙。"行诡诈之事就会使身心日益疲惫，行善事就能使身心日益舒畅。伪，不诚实，诡诈。

行兵要有纪律，读书要有课程①。处事要有刀尺②，立身要有准绳。

能伸先要能屈，能飞还要能伏。能方妙在能圆③，能直妙在能曲。

心里十分关切,说人不可太甚④。心里十分透彻,说事不可太尽⑤。

意将炫己之长,必且为人所短⑥。枢机是以宜慎⑦,锋芒是以宜敛。

急时易至慌张,定心且自思量。疏处难得周详,用心且自提防。险阻伏于平地,饥馑伏于丰岁⑧。丰勿狃以为常⑨,平勿狎以为易。

破鼓可以救月⑩,破伞可以遮雨。何妨补此破伞,且莫弃那破鼓。

心以不用而废,偏用则识亦蔽⑪。事以好谋而成,阴谋则孽必深⑫。

【注释】

① 课程:按规定数量和内容的工作或学习进程。刘克庄《即事》:"秃翁未敢佚余生,洗竹浇兰立课程。"

② 刀尺:分寸,尺寸。

③ 方:正直,方正。圆:圆通,灵活。孟郊《上达奚舍人》:"万俗皆走圆,一身犹学方。"

④ 心里十分关切,说人不可太甚:虽然心里十分关切别人,但劝说的言辞也不可太过锋利。

⑤ 心里十分透彻,说事不可太尽:虽然心里十分明白,但也不可把事情说得过于详尽。

⑥ 短:指出别人的短处,说别人的坏话。

⑦ 枢机:枢与机,比喻事物的关键部位。《国语·周语下》:"夫耳目,心之枢机也,故必听和而视正。"

⑧ 险阻伏于平地,饥馑伏于丰岁:即使是一马平川,也存在着山险梗塞的可能;即使是丰收之年,也潜伏着饥荒的危险。饥馑,饥荒,饥年。《左传·昭公元年》:"譬如农夫,……虽有饥馑,必有丰年。"

⑨ 狃(niǔ):习以为常而掉以轻心。

⑩ 破鼓可以救月:古人以为月食的出现是因为天狗吃了月亮,所以

每当月食发生的时候，大家就敲锣打鼓，希望能吓退天狗，拯救月亮。

⑪ 心以不用而废，偏用则识亦蔽：头脑不经常使用就会荒废，心术不正就会蒙蔽识见。

⑫ 事以好谋而成，阴谋则孽必深：事情要好好策划才能成功，暗中使诡计必定造成很深的冤孽。阴谋，暗中策划。

人不能见鬼神，鬼神则能见人。人心最是难测，鬼神洞见肝膈①。鬼神喜人为善，有心之善亦旌②。鬼神恶人为恶，无心之恶亦惩。莫言六道杳冥③，报应极是分明。人间显有地狱，饿鬼畜生满目。岂独天道好还④，并觉人言可畏。在在入耳惊心，都是严师酷吏。懵懂人唤得醒⑤，难醒的聪明人。人到自是自满，神仙点化不成⑥。

【注释】

① 鬼神洞见肝膈：鬼神能洞悉人的一切内心。
② 旌（jīng）：表扬。
③ 六道：佛教用语。佛教六道指天道、人道、阿修罗道、饿鬼道、畜生道、地狱道。杳（yǎo）冥：幽暗深远的样子。
④ 天道：天理。
⑤ 懵懂：昏惑，糊涂。
⑥ 点化：指点感化。方夔《送客出城》："我行在处成诗话，点化成凡即是仙。"

三　杂言

寸金寸阴，寸草寸心。世少百年之人，家有白头之亲。
屋无梁则折，田无水则裂，灯无油则灭，家无好人则绝①。

妻好不在姿色，儿好不在嘴舌②。

家庭有规矩，朝廷有法纪，官长要人远罪，爷娘要儿近理③。

一身之元气足，则外邪不侵④；一家之元气足，则外侮不凌⑤。

月米一斗，可糊一口，百口也不嫌多，各有一艺在手。

享福怕早，甜不宜少，苦不宜老⑥。

食用有余，断然不可积钱。学识不足，断然不可做官。

冤死莫告状，穷死莫借账⑦。

不欠债，大自在；不作恶，大快活。

【注释】

① 好人：善良的人。《北齐书·魏收传》："帝曰：'卿何由知其好人？'收曰：'高允曾为（崔）绰赞，称有道德。'"

② 嘴舌：能说会道。

③ 官长要人远罪，爷娘要儿近理：官吏教导百姓要远离罪恶，父母教育子女要通情达理。

④ 一身之元气足，则外邪不侵：一个人如果心术端正，就不怕邪恶的事来侵扰。元气，指人的精神。

⑤ 一家之元气足，则外侮不凌：一家之人如果能够同心同德，就不怕外来的欺侮。

⑥ 享福怕早，甜不宜少，苦不宜老：享福怕享得太早，年少的时候不宜安享清闲，年老的时候不宜再过凄苦的生活。

⑦ 冤死莫告状，穷死莫借账：宁可被冤枉而死也不要去官府告状，宁可穷困致死也不要向别人借债。

冤宜解，不宜结；忿宜蠲①，不宜泄。

尤人不如自尤②，求人不如自求。

有性气的人，便死也敢③；没筋骨的人，便死也软。

但是当做的事④，切莫畏难；任是难做的事，只要耐烦。

镜勿使垢，剑勿使锈，心不磨不透。

脚要处处踏稳，心要时时提醒。

占小便宜吃大亏，仗小聪明无大成。

聪明才辨，不足羡也；老朽穷酸，不可厌也。

【注释】

① 忿宜蠲（juān）：消除愤怒。蠲，除去。张九龄《荔枝赋》："心恚可以蠲忿，口爽可以忘疾。"
② 尤：抱怨，指责。
③ 便：连词，纵然，即便。
④ 但是：只要是。

一犬吠形，百犬吠声①。细人以耳为目②，浅人有口无心③。

众口哓哓之时④，多一句不如少一句。众目眈眈之地⑤，进一步不如退一步。

自高者危，自满者亏⑥。

自晦莫自明⑦，自重莫自轻。

非平淡无以养性，非贞静无以定命⑧。

命是自然之命，理是当然之理。小人枉了做小人，君子落得为君子。

头尖善钻⑨，身轻善缘⑩，舌长善话⑪，爪深善箝⑫。贪馋婪酣，苟贱不廉。

穷人穷命，低头枉拜财神；贱人贱相，开口便说贵人。

【注释】

① 一犬吠形，百犬吠声：王符《潜夫论·贤难》："谚曰：'一犬吠形，

百犬吠声。'"比喻对事情不察真相，随声附和。
② 细人：见识短浅的人。《庄子·让王》："孔子推琴喟然而叹曰：'由与赐，细人也。'"
③ 浅人：言行浅薄的人。
④ 哓（xiāo）哓：唠叨，议论。欧阳修《答李翊书》："凡论三子者，以予言而一之，则哓哓者可以息矣。"
⑤ 眈眈：瞪目逼视的样子。《周易·颐》："虎视眈眈，其欲逐逐。"
⑥ 自满者亏：《尚书·大禹谟》："满招损，谦受益。"亏，减损。
⑦ 自晦莫自明：做人宁可含蓄些，也不要自我张扬。晦，隐晦，含蓄。
⑧ 贞静：正直安静。
⑨ 钻：钻营。
⑩ 缘：攀缘，攀登。
⑪ 舔（tiǎn）：以舌取物。
⑫ 箝（qián）：夹住。

闭户读书，尺步绳趋①。宁做书中之蠹②，莫作人中之蛆。

可怜的才人薄命，可怕的文人无行③。

但有锋无寸铁，以之杀人不见血，此何物哉？笔与舌！

不顾人命，横取人财，心坏身坏名坏，坏尽还有后灾。

秽人闺门④，败人名节，乱人嗣续⑤，自失骨血，罪大恶极，难说难说。

【注释】

① 尺步绳趋：也作"绳趋尺步"。形容循规蹈矩，举止合法度。《宋史·朱熹传》："方是时，士之绳趋尺步，稍以儒名者，无所容其身。"
② 蠹：蛀虫。
③ 可怕的文人无行：文人的品德败坏是最可怕的。

④ 闺门：内室，家室。
⑤ 嗣续：后嗣，后代。

> 势相逼，名相齐，心相忌，力相挤，强者虽胜，终亦颠踬①。
> 损他人之物，折自己之福；坏他人之事，作自己之祟②。
> 苟以心术之险，行于骨肉之间，天性太薄，天谴尤严③。
> 人悔过，天悔祸；过而悔之，天岂罪之④？
> 悔之而未即改之，天犹姑待之⑤。
> 孽之所不可活者，天之所莫能脱也⑥。

【注释】

① "势相逼"句：势力不相上下，名气相当，内心互相忌妒，竭力排挤对方，虽然有人胜出，但最终也会落得一无所有。逼，接近。颠踬，坠落。
② 坏他人之事，作自己之祟：破坏别人的好事，最终会给自己带来祸害。祟，灾祸。《史记·田叔列传》："久乘富贵，祸积为祟。"
③ "苟以心术之险"句：如果把阴险的手段用于亲人身上，那这个人的天性就太刻薄，连老天对他的谴责都会格外严厉。心术，居心，心计。骨肉，比喻亲人。
④ "人悔过"句：人若能对自己犯下的过错表示悔恨，上天也会对自己造成的灾祸表示悔恨；有了过错知道后悔，老天还会怪罪于他吗？
⑤ "姑待之"句：对自己的过错表示悔恨，却没有立即改正，老天还是会给他时间改过自新。未即，没有立即。姑，姑且，暂且。
⑥ "莫能脱"句：《尚书·太甲中》："天作孽，犹可违；自作孽，不可逭。"逭（huàn），逃避。

要明世故①，要达时务②。

若是见怪不怪，其怪自败③；亦有当断不断，反受其乱④。

不用僻药，不害为良医⑤；不押险韵，不害为好诗⑥。若无后着⑦，决然不是高棋。

峻怕狭，圆怕滑⑧。

口要缄得稳⑨，舌要卷得紧。事到不得不言，言即无容徇隐⑩。

义所当为，人人共赴。岂可独为小人，甘与君子异路？

【注释】

① 世故：指待人接物的处事经验，也指世俗人情。
② 时务：世事。
③ 败：消失。
④ 乱：扰乱，败坏。
⑤ "不用僻药"句：不用邪异的方法治病，就不会有悖于成为良医的标准。
⑥ "不押险韵"句：不用生僻的字押韵，就不会有损于全诗的音韵。
⑦ 后着：指下棋的时候时刻想到下一步的棋。
⑧ 峻怕狭，圆怕滑：生性严厉的人不要褊狭，天性圆通的人不要狡猾。
⑨ 缄：封闭。
⑩ 事到不得不言，言即无容徇隐：事情不到万不得已的地步就不说出来，既然说了，就不要徇私隐瞒。

避害之心太明，究竟未必有害①，甘受讥评，枉生机械②。

救人一命，胜造七级浮图③；完人一家骨肉，乐于二十四考中书④。

抱着一段喜神⑤，只觉世无可恶之人；含着一腔生意，惟愿人无不遂之事⑥。

奇之又奇，儿不怕老子，老子怕儿。

好酒者十之一，好色者十之七，好财者十而十。

有钱而啬钱，有官而辱官，读书不知书，三般大糊涂。

【注释】

① 究竟：终究。

② 机械：巧诈。《淮南子·原道训》："故机械之心，藏于胸中，则纯白不粹，神德不全。"

③ 浮图：也作"浮屠"，指佛塔。

④ 二十四考中书：《旧唐书》载，郭子仪任中书令时，共主持过二十四次对官吏的考试，所以后人用"二十四考中书"借指某人长期身居高位。

⑤ 喜神：指可喜之事。

⑥ 生意：生机，生命力。遂：遂意，称心。

忽忽一日①，匆匆一生，
到头成件甚事②？到底算个甚人？

【注释】

① 忽忽：倏忽。形容时间过得很快。《后汉书·冯衍传》："岁忽忽而日迈兮，寿冉冉其不与。"

② 到头成件甚事：到头来到底做了什么事。